やっぱりあきらめられない民主主義

やっぱりあきらめられない民《みん》主《しゅ》主《しゅ》義《ぎ》

内田樹＋平川克美＋奈須りえ

水声社

やっぱりあきらめられない民主主義＊目次

はじめに

「やっぱりあきらめられない民主主義」という今日のタイトルは、なかなか意味深重ですね。「やっぱりあきらめられない」ということは、つまり、「かなりあきらめている」ということなんです（笑）。

こう話し始めた内田樹さんの言葉に、タイトルを作った私自身もハッとさせられました。

きっと、この本を手にとられたみなさんの心の中にも、「あきらめかけているんだけれども、あきらめきっちゃまずいんじゃないか」という想いがおありかと思います。

万能の政治システムのように思われている民主主義ですが、民主主義は必ずしもうまくいっているようには見えません。

初めて体験する民主主義的なものと言えば小学校の学級会で、そこで私たちは多数決を学びます。そして、私たちの多くは、小学校の学級会の多数決のまま大人になり、うまくいかない政治を前に、その答えを探し始めています。

「政治の話をするのはためらわれる」

「民主主義のことなど誰に聞いたらいいのかわからない」

東京の大田区で区議会議員をしていて感じるのは、政治と一人ひとりの存在との大きな隔たりです。

私たちは、暮らしの多くを経済活動に依存するようになっています。こうした時代の政治は、どういう仕組みでどこにどれくらいお金を分配するかという緻密な政策選択でなければなりませんが、政治は理念やスローガンばかりを繰り返し、選択肢すら見えない状況です。

内田樹さんは、どのように考え、今の社会をみつめているのでしょうか。

政治と一人ひとりとの隔たりを埋めるきっかけをもとめ、二〇一五年十一月十日、大田区民プラザに、「やっぱりあきらめられない民主主義」と題して、内田樹さんと平川克美さんをお呼びした講演会が本書の始まりです。

地元大田区ご出身の内田樹さんと、その内田さんと小学生の頃からの幼馴染の平川克美さんと私との鼎談から、私たちの民主主義をつくるきっかけが生まれればと思います。

奈須りえ

第一部　やっぱりあきらめられない民主主義

内田樹

ふるさと、大田区

こんばんは、内田です。

足元の悪いなか、たくさんお集りいただきまして、誠にありがとうございます。

いまご紹介いただきました通り、私、大田区下丸子の出身でございます。下丸子三七八番地というところに生まれて、そこに住んでおりました。

今から六十五年前に生まれまして、蓮光院というお寺の、そのまた後ろにあります六所神社の店子でございました。そこには一九六七年まで住んでいました。六七年、私が高校二年生の時に、学校から退学させられてしまいました。母親が世間に顔向けができないといって、この土地を離れて、神奈川県の相模原市の方に移ることになりましたが、それまでの十七年間、大田区下丸子で暮らしておりました。大学に入ってからは転々としまして、一時期、平間に住んだこともありましたけど、それも一年間だけです。あとは、自由が丘、九品仏、上野毛あたりに住んでおり、こちらの方にはあまり足を向けておりませんでした。下丸子に来たのもたぶん十数年ぶり、二十年ぶりぐらいじゃないかと思います。

何年か前に、うちの母親が兄に連れられてこの辺りに来たそうで、「街並みがちっとも昔から変わっていなかったよ」とこのあいだ話しておりました。二人で思い出すままに、あの頃はどんなお店があったか、ずっとしゃべっていたんですね。そのうちのいくつかは、まだ残っているとおっしゃってましたね。「おっしゃった」といっても、母親なんですけれども(笑)。いや、うちの母親もね、膵臓ガンで余命いくばくもないものですから、なんとなくだんだんと敬語になってきてしまう。

僕が住んでいた頃は、下丸子の駅の目の前におそば屋さんがあって、角にはたしか和菓子屋さんが、そのとなりにアノネ屋という下駄屋さんがあって、向かいに果物屋さんがあって、角に千代田屋という文房具屋があって、その先に岡田屋というお惣菜屋さんがあって、隣に八百定という八百屋さんがあって、そこをずっと行って、左に曲がったところに我が家がありました。まだ町並みはあんまり変わっていないって母が言っていました。

最初、矢口西小学校というところに通っていたんですけれども、五年生になると凄まじいいじめに遭いました。クラス全員からいじめられ、先生からもいじめられるという壮絶ないじめに耐えかねて、もう学校に行きたくないと泣きついたら、母親がいろいろと動いてくれて、五生の二学期に、久が原の東調布第三小学校に転校しました。

生涯の友に出会う

そこで出会ったのが、この後の第二部で登場する平川くんです。といっても、彼と過ごしたのは一年半だけです。その後、彼は大森第七中に、僕は矢口中に行ったので、中学で別れて、高校、大学も別々のままでした。一緒に過ごしたのは、一年半だけなんですね。ただ、その一年半が非常に濃密な時間だったので、生涯の友になったというわけです。

このあと平川くんが登壇して、僕と彼が話している様子から、みなさんも感じると思いますが、十一歳の時に生涯の友に出会ってしまうと、どういうことが起こるのかがよくわかります。一つは、ものすごく態度が悪くなるということです（笑）。

どんなことを言っても、「そうだよ」と頷いてくれる人がいる、あらゆる案件について全幅の同意を示してくれる他者が存在すると、当然ながら、ものすごく自信がつくわけですね。「こんなことを考えているのは世界でオレひとりかな……」と思っているときも、平川くんに言うと、「いや、オレもそう思うよ」と力強く断言してくれるんですね。もしかすると、世界に二人っきりかもしれないけれども、自分の判断に自信がつきます。

それからもう一つは、お互いがお互いに似てくるということなんです。十一歳からずっと定期的に会っては、最近どんな本を読んでいるのかとか、何について考えているのかとか、どんなものを書いてるのかと、お互いに情報交換し合っています。相手がこういう本を読んでいると言ったら、すぐに自分も読んでみる。こんなものを書いていると言ったら、それを一生懸命読んで、何とか理解しようとする。こんなことを十代からずっと、延々とやっているわけですから、二人の語彙やロジックがどんどん似通ってくるんですね。

お互い六十五にもなりますと、だんだんと記憶がぼけてきまして、自分がしたことと相手がしたことを混同するようになってきました（笑）。何年か前に、リチャード・ホーフスタッターの『アメリカの反知性主義』（田村哲夫訳、みすず書房、二〇〇三）という本を読んでたいそう感心したことがあって、平川くんに会ったときに、「平川、これ面白いから読めよ」と言ったら、「それはオレがお前に読めって薦めたんだよ！」って言われました（笑）。

そういうことの繰り返しなんですね。自分が書いたのか、相手が書いたのかわからなくなる。ときどき、平川くんが書いたものを読むと、自分が書いたように思えてくることがあります。引いてくる例がよく似ているんですね。ロジックも、レトリックも似ているから余計にそう感じられるわけです。

そういうことがあって、僕と彼の間では、互いに書いたこととしゃべったことは僕らにとっての「パブリックドメイン」にしようと決めました。オリジナリティとか著作権とか、そういううるさいことを言うのはやめよう、と。相手が書いたことを丸写しして書いても、それは、僕たちの五十年間にわたる相互影響によって形成された公共的・集合的な知が生み出したものなわけですから、どちらか一方のものではない。

民主主義を「いま、ここ」に問う

では、今日の本題です。

「やっぱりあきらめられない民主主義」という今日のタイトル、なかなか意味深重ですね。「やっぱりあきらめられない」ということは、つまり、「かなりあきらめているる」ということなんです（笑）。

あきらめかけているんだけれども、あきらめきっちゃまずいんじゃないかなということで、こうしたタイトルになったかと思いますが、これが本当に今の日本の国民の、日本の有権者の実感をよく表していると思います。

二〇一五年の夏、国会前でいろいろな方が戦争法案に対して反対のデモを行いました。何度か僕もかかわりましたが、なかでも印象的だったのはSEALDs（シールズ）の人たちでした。「民主主義って何だ？」「これだ！」という彼らの声、僕はあれを聞いて本当に驚きました。かつて僕がまだ若かった頃、学生運動華やかなりし頃に叫ばれたアジテーションとはまったく質が違うな、と感じました。

かつての学生運動も、もちろん政治的な主張をしていました。自分たちが主張するものがあり、目的とするものがある。例えば、「革命って何だ？」とかですね。でも、「革命って何だ？」「これだ！」というように、自分をさして「オレが革命だ！」とは、とても言えなかった。

当時、僕は学生たちの政治運動にしばらくかかわっていましたが、途中から「これはあかんな」と思い、足を洗ってしまいました。その足を洗った一番大きな理由は、政治運動というものは、自分たちが実現しようとしている未来社会を、「いま、ここ」にある運動を通じて先駆的に実現していなければいけない、というふうに思ったからです。

未来社会の萌芽形態が「いま、ここ」になければいけない。僕たちはこんな社会を作りたいんですという時に、その政治運動そのものが未来社会の雛形として現にここにあって、運動を見ているだけで、僕たちが何を目指しているかがわかる。こういう社会を作りたいんです。今やっているこの運動を拡大していって、社会全体に広げていくと、僕らがめざす未来社会ができる。そういうふうにしなければ、どんな政治的主張も説得力を持ちえないと思ったんです。そんなことを思ったのは僕だけかもしれませんが。

僕が参加した頃の過激派の人たちは、非常に過激なことを口にしていましたし、しかも理路整然とそれを述べていた。彼らと闘争とか論争とかやっても全然勝ち目がない。でも、彼らが作っている政治組織は、特に過激であればあるほど、中央集権的で、強権的で、秘密主義的で、抑圧的でした。民主性なんてかけらもない。きわめて非民主主義的な組織で、姿の見えない中枢によってトップダウン的に統御されていた。まあ、主観的には革命党派ですから、革命的警戒心に満ちているのはあたりまえなんでしょうけれども。

でも、この人たちが今の政治闘争を通じてこれから実現してゆこうとする社会は、結局は彼らが現に率いている組織を拡大再生産したものにしかなりえないんじゃないか。そうだとしたら、そんな社会に僕は住みたくない。そう思いました。

これは左右を問わず、戦後のすべての政治運動について言えることだと思います。実際に運動を率いている運動の主体である人たちが、自らの組織した集団それ自体が、来るべき未来社会の萌芽形態である、理想的な社会を先取りしたものだと主張していたケースを僕は知りません。宗教的な運動などでは、そういうものがあったかも知れませんが、政治運動には存在しなかった。

今はとにかく過渡期だから、緊急避難的に、暴力的でも強権的でも非民主的でもいいから、政治運動を実効的に展開してゆく。それによって古い体制が倒れ、世の中が変わったら、次の段階になったら、「あるべき未来社会」について改めて制度設計すればいい。たぶん、そういうふうに彼らは考えていたんだと思います。でも、僕はその考え方が受け入れられなかった。

やっぱり政治運動というのは、他人を巻き込んでやる以上、自分たちはこれからこういう社会を作りたいんだということを、とにかくミニチュアでもいいから、「いま、ここ」の自分たちの周りだけでも、それをかたちにして見せるということが必要だと思います。来るべき社会の「空気感」と言うか、「手触り」と言うか、そういうものを具体的に示すべきだと思う。そこではどういう言葉が使われるのか、どういう論理が使われるのか、何が常識なのか、それはやっぱり具体的に今ここで示す義務がある。そうやって提示されたものに触れて、「こういう感じが好きだ」「こういうものなら信じられる」という実感を得て、それが広がってゆく、というのが本筋だろうと思います。「やっぱり信じられる」「それが好きだ」という感覚。こういう「生身の感覚」をベースにして政治運動は組織されるべきだというようなことを言っていた人間は、一九七〇年代にはきわめて少数派でした。だから、しかたがないので、自分の周りだけでも、と言うと偉そうに聞こえるかもしれませんが、とにかく自分の周りだけでも、「常識の通る空間」を創出しよう、僕の手がなんとか届く範囲に、手触りの優しい、情味のある、論理の筋目の通った場所を作りたい、そう思ってずっとやってきました。

自分の社会的な能力を超えてまで、それ以上広げることはしない。それは自戒としていました。手に負えないほど大きな正義を、一気に実現することは決して望まない。歴史が教えるのは、社会正義を一気に実現しようとした政治運動はすべて粛清か強制収容所かその両方を必要としたということでしたから。ですから、とにかく自分の手が届くところに限定する。そこだけはフェアな空間にしよう。そこに来ると、「なんとなくほっとする」とか「風通しがいい」とか「気持ちが安らぐ」と感じてもらえる空間を、自分の四方に一メートルでも二メートルでもいいから、作っていこう。そんなことを二十五歳ぐらいから考えてきました。もちろん、遅々として進まなかったんですけれどもね。

でも、その考え方はいまも変わりません。自分たちが実現したい未来社会を、そのミニスケールにおいて、「いま、ここ」で実現する。かたちとして、「こういう社会を作りたいんです」ということをまず周りに示す。それをお見せして、「試食」していただいて、そのうえでオーダーしてもらう。そういう仕組みにすべきじゃないか、と。

そんなことを思い始めて幾星霜、国会前に行った時、その前にもう円山公園でも耳にしてはいましたが、「民主主義って何だ?」「これだ!」という、SEALDsのコールを聞いた。そのときに、「ああ、僕が聴きたかったのは、これだったんだ」と腑に落ちました。

僕が、今から四十年前ぐらいに考えていた時には、本当に孤立無援でした。同調してくれる人なんか誰もいなかった。「何を気楽なことを言っているんだ、甘えたことを抜かすんじゃない」というふうに嘲弄されました。「そういう微温的な改良主義が革命運動の足を引っ張るんだ。お前はそうやって実は抑圧的な体制の延命に加担しているんだ。お前は体制の補完物だ。反革命だ」と罵倒されました。まあ、たしかに僕のような改良主義的な発想では暴力革命はできません。でも、そうやって僕を罵倒していた諸君は、その後、政治革命の可能性が遠のくとあっさり髪の毛を切って、七三に分けて、スーツを着て就活を始めてしまいました。自分たちの掲げる政治目標が実現困難なほどに過激であると、政治的な理想そのものをあっさりと放棄することに心理的抵抗がないということをそのときに学びました。

政治運動が持続的であるためには、生活と一体化していないといけない。生活そのものが政治であるようなものでなければ、息を吸うように息を吐くように、政治的な実践を行うことができるのでなければ、それは持続的なかたちを維持しえないという僕の、共感されることの少なかった個人的な思いは、国会前で、はるかに若い世代によって、「ふつうのこと」として語られていた。なるほど、戦後七十年も経つと、日本の政治文化もそれなりの成熟を遂げてきたんだなと思いました。別に僕が作ったものじゃないんですから、手柄顔できる話じゃないんですけれども、そう感じました。

民主主義はだめかもしれない

今回の戦争法案をはじめ、二〇一二年に第二次安倍内閣が誕生して以降、日本の統治のかたちは急激に変化しています。そのなかで、「民主主義とは何なのか」という根源的なことが問われている。

一つは、先ほども申し上げた通り、「民主主義はもうだめかもしれない」ということです。これはその通りだと僕は思うんです。民主主義はもうだめかもしれない。今の安倍政治は、間違いなく民主主義的な政体において、民主的な手続きによって生み出されたものです。選挙干渉があったり、野党候補者が逮捕されたりとかといったようなことがあったわけじゃない。有権者たちが、自由に、自主的に投票して、自民党内閣を選んで、安倍晋三という人が総理大臣になった。そして、その結果、特定秘密保護法とか、集団的自衛権の行使容認の閣議決定とか、戦争法案とかが次々と実現されていったわけです。だから、安倍首相はこれらの政策は形式的には日本国民の負託を受けて、民主的に実現しているものだと胸を張って言えるわけです。

「文句があったら、次の選挙で落とせばいい」。彼は公然とこう言い放っているわけです。でも、本当に仰る通りで、有権者は政策に文句があったら次の選挙で落とせばいい。実際、支持率は五割近くまでまた戻っている。（二〇一五年十一月時点。）これを民主主義と言わずして何と言ったらいいのか。彼はまさに民意によって総理大臣に選ばれ、彼のしたい政策を次々と実現しているわけですよね。まさしく民主主義です。でも、僕はこの民主主義のありように腹が立つわけです。「おかしいじゃないか」と。民主主義というのは別に政治的目的ではないからです。民主主義というのは一つの手続きに過ぎなくて、それは実現すべき政治の一段階にすぎない。それで終わりではなく、その上にもう一つ民主主義という手続きが何を政策的に実現するのか、その正否を判定する審級が存在しなければならない。民主主義というものには、それを使って何を実現するのか、それを判定し、制御する上位概念がなければならない、それがなければ無意味なものなんだと最近強く思うようになりました。

大阪の橋下徹前市長もそうでした。彼もまた圧倒的な民意の支持を得て、あのような強権的で抑圧的な政治を行ってきた。彼が実施した政策内容に関しては、僕はまったく賛成できませんけれども、圧倒的な民意を得てトップにたったうえで、有権者に負託された権力を行使しているという点については民主主義そのものであって、何の違法性もない。

だから、安倍首相や橋下市長の例から分かるのは、民主主義は政治の目標ではなく、単なる一つの手続きにすぎず、その使い方を誤って、間違った人物を統治者に選べば、あたりまえですけれども、多くの人に不幸をもたらすことは実際にある。ナチスがそうですよね。ナチスは、ワイマール共和国という、もう本当に民主制の見本のような、すばらしい憲法を持った共和制の国から合法的に生まれてきた。ヒトラーが提出した、総統に全権を委任するという全権委任法の法案だって、国民投票で九割近い支持を得て成立した。まさに民主主義が独裁を生み出した。

フランスのヴィシー政府もそうです。フランスがドイツに負けて、北半分がナチス・ドイツの直接統治になって、南半分がヴィシー政府になりました。このヴィシー政府も、第三共和政の国民議会が開かれて、ペタン元帥という個人に憲法制定権を付与するという議案を議会の圧倒的多数で可決して、民主制から独裁制に合法的に移行した。

イタリアもそうです。イタリアでも、ファシストが最終的には全議席を占めるわけですけれども、ファシストが全議席をとれるように法律改正を次々とやる。その法案の審議も採決も、すべて民主的な手続きに沿って行われていった。議会が機能停止するという法案を議会が次々と採択していって、最終的に全議席がファシスト党のものになり、ムッソリーニが独裁できる体制が完成して、議会政治が終わる。そういう過程を踏んでいるわけです。

民主制から独裁制に移行した事例は歴史上、いくらでもある。ですから、「民主か独裁か」という二項対立はその図式そのものが間違っている。「民主から独裁へ」の移行というのはとても簡単だからです。民主制と独裁制は、実は「相性がいい」んです。

民主制が独裁制の反対概念ではないとすれば、何が反対概念なのか。民主制の対立概念は何か。これはカントが言っていますけれど、王制と貴族制です。問題は誰が主権者かということです。国民が主権者なのか、王様なのか、貴族なのか。基本的に、近世以降の政体では、主権者はこの三種類のどれかしかないわけです。王様か、貴族か、国民か。

民主制か王制か、民主制か貴族制かという対立はあります。でも、「民主か独裁か」という二項対立はない。レベルが違うからです。「中華かフレンチか」という選択はありうるけれど、「中華か『美味しいもの』か」という選択は成立しない。カテゴリー・ミステイクですから。

では、独裁はどのレベルにあるのか。それはまったく違う水準にある。カントによれば、独裁の対立概念は共和制です。

共和制という言葉は、現代日本の政治を語る語彙にはほとんど登場しない。独裁も、カッコのついた「独裁」というふうに表記されて、ある種文学的な表現として使われて、厳密な政治用語としては使われていません。けれども、独裁というのは、実際に定義するとシンプルです。独裁というのは、「法律の制定者と法律の執行者が同一人物である」政体のことです。これが独裁の定義です。逆に、共和制とは、「法律の制定者と法律の執行者が別の人物、別の機関である」政体のことです。これだけの違いなんです。

共和制と独裁の間にも、截然たる違いがあるわけじゃありません。「法の制定者」と「法の執行者」が効果的に分離されているかどうか。それによって計量的・技術的に判定するしかない。その上で、今の日本はどうかというと、これは明らかにもう共和制から独裁制に確実に移行中であるわけです。というのは、法律を制定する人間と執行する人間の間に、もう同一化を阻止する壁がないからです。そのような壁がなくてはならないという国民的合意さえ、ない。

現に、安倍首相はアメリカの議会に行って、「二〇一五年の夏までに、安全保障関連法案を仕上げます」と言いました。閣議決定もしていない、むろん国会に提示もしていないのに、総理大臣が他国の議会で約束をしたわけです。なぜそのようなことができたか。それは安倍首相の脳内では、総理大臣が法の制定者だからです。もちろん法理的には違います。でも、主観的にはそうなんです。「私」が法律を起案し、「私」が制定して、「私」がその法律を執行する。そういうふうなものとして現在の日本の政体をイメージしている。これは独裁以外の何ものでもない。

あの時点で、アメリカの議会において安保法制を夏までに国会で通しますと約束した段階で、日本においては事実上、「法の執行者」と「法の制定者」との間に差がないということを明らかにした。同一人物が法律を制定し、法律を実施するのだということを国際社会に向けて公言し、それに対して、「総理大臣がまだ国会に上程していない法律について、その採択を約束するということは、国権の最高機関である国会に対する軽視ではないか」ということで非難の声がわき上がるということもなかった。日本の有権者もメディアも、ぼんやりそれを見つめていた。僕はこの時点で、日本は共和制であることを放棄したと、国際社会に認知され、国内的にも合意が成立したのだと思います。

まだ法律が国会に上程もされていない段階で、閣議決定もされていない段階で、法律の制定を約束する。共和制の根幹を否定するふるまいです。共和政体では絶対に許されない。主権在民・三権分立の根本に触れるふるまいです。でも、これを原理的に「間違ったふるまいである」として厳しく批判した論調を、僕はメディアでも見たことがありません。国会に上程する前にそういうことを口にするのは、「国会の威信を汚すものである」といった程度の発言はありましたけれど、「これは独裁だ」とはっきりと言い切ったものは、僕は知らない。でも、これは独裁宣言以外の何ものでもない。

実際そのあと、安倍首相は、戦争法案を衆議院でも参議院でも強行採決した。首相自身が法の制定者でありかつ執行者であると認識しているということを一番わかりやすく明らかにしたのは、予算委員会での彼の野次です。「早くしろよ」「早く質問しろよ」という野次がありました。本来であれば、内閣は、自分たちが作った法律を、立法府である国会に上程していって、「ご審議いただく」わけです。大学の教授会でも、執行部が起案した議案を上程するときは、趣旨説明をしたあと、一礼して、「よろしくご審議ください」と必ず言います。敬語を使う。大学で、もし審議中の議題について、教授会メンバーが発言しているときに、学長が「早くしろよ」なんて言ったら、もう騒然ですよ。みんな立ち上がりますよ。「学長は教授会民主主義を否定するのか！」と詰め寄って、もう大騒ぎになる。学長が辞表を書かなければ収まらない。

でも、国会という民主主義の「殿堂」においては、もう民主主義の原則は尊重されていない。民主的に運営されている大学では絶対に執行部の長が口にすることが許されないような言葉を、総理大臣が平気で口にする。国会の威信など、総理大臣の主観においては、もう「ないも同然」なんです。

「早くしろよ」という言葉は無意識に出てきたものです。だから彼の本音がだだ漏れになっている。彼は国会審議なんて「茶番」だと思っているんです。ここで今やっている審議もただのアリバイなんだ。ただの時間つぶしなんだ。八十時間やったら「審議を尽くした」と言うことができるから、それまでの時間つぶしのセレモニーに過ぎない。だから、退屈でしかたがない。「早く回せよ。巻きでやってくれよ。どうせお前たちが何をしゃべっても結果は変わらないんだから」と、そう思っているから、それを全身で表現しているわけです。

病状1　機能不全の立法府

今の小学牛に、「日本の国権の最高機関はどこですか」と聞いたら、たぶん半分は

「内閣」と答えると思います。今の日本で、国会が「国権の最高機関」だと実感している国民なんて、悪いけれど一人もいない。国会での審議は、時間つぶし、セレモニー、アリバイだ、そんなことはもうみんなわかっている。政党の議席配分が決まっているわけで、そこに党議拘束がかかって、執行部の命令に反対する与党議員なんかひとりもいないわけですから、何が審議されようと、一定の時間が経てば、内閣の提案した議案は必ず通る。だから、国会で行われている審議はただの茶番なんだということは国民はもうみんな知っている。

でも、本来国会で行われる審議とは、国民の目の前で、上程された法律の瑕疵や不整合を吟味したり、それがもたらすメリット・デメリットを論じたりする場なわけで、政府は議員たちを前にして情理を尽くしてその法律の必要性を説くべき立場にいるわけです。でも、そうじゃない。国会の審議にかけられる前にもう法律が通ることはわかっている。だから、審議には政治的には「ガス抜き」という意味しかない。野党の顔を立てるとか、民主主義的な政体であるというジェスチャーをメディアや海外に対してしてみせているだけで、法案の採否は審議が始まる前にもう決まっている。もちろん公明党や野党の顔を立てるために、官邸の方ははじめから、「譲ってもいい法案」もきっと用意していると思います。連立与党や野党から文句がついたら、「じゃあ、この法律は引っ込めます」と言って、反対派の「顔を立てる」というようなカードのやりとりはきっとあるんでしょう。公明党だって野党だって、支持者たちに対して、政党として活動しているという実績が欲しいから、自民党が「譲ってもいい法案」を用意してくれれば、それに飛びつく。

そういうやりとりを含めて、国会審議がどんどん空洞化している。そして、国会審議が空洞化しているという事実を、官邸が主導してそれを国民にアピールしている。

一番分かりやすい指標は、閣僚の不祥事についての報道にはあれほどナーバスになってメディアを抑圧してくる官邸が、国会審議中に与党議員が居眠りしていたり、パソコンやスマホをいじっていたりするのを咎める様子がないということです。そんな姿を撮った写真が週刊誌に掲載されても、別に痛くも痒くもないような顔をしている。もちろん与党としては、例えば選挙直前に与党議員が居眠りしている写真が流布するのは困る。でも、選挙に関係ない時期だったら、国会議員が「ろくでもない人間たち」であるという印象操作をすることはむしろ歓迎している。居眠りしたり、不倫したり、汚職したりする国会議員がいればいるほど、国会の威信が損なわれるからです。

立法府の威信が低下すれば、相対的に官邸の威信は増大する。そういうゼロサム・ゲームをやっている。

これが始まったのはもう二十年ぐらい前からでしょうか。小選挙区制になって、執行部が候補者選定の全権を握るようになってから、自民党はあきらかに国会議員のレベルを下げることを意図的に行っている。

先日、ミャンマーで選挙があって、アウンサン・スーチーさんが勝利しました。その選挙について、日本の新聞は面白いことを書いていました。自党の立候補者にわざと出来の悪い人間を選んでいる、と。力のある人間を登用すると後が面倒なので、無名の人間で、スーチーさんが顎で使えるような軽いのばかりを候補者として公認したんだそうです。軽い議員で国会を固めて、彼女が行政府に独裁的に君臨する、そういう腹づもりだろうという内容の記事です。他国のことは分析できるくせに、なんで、自分の国のことは分析できないのか（笑）。日本でも事情はまったく同じです。力のない人間ばかり公認する。イエスマンしか公認しない。だから、今度のような国論を二分する法案でも、執行部に逆らう自民党議員が一人もいない。ゼロ。いや、一人いましたね、村上誠一郎さんですか。でも、あの人は病気で欠席したわけですから、反対票を投じたわけじゃない。

国のかたちを根本から変えるような問題で、その手続きからしてさまざまな瑕疵があるような法律という時に、「ちょっとそれはまずいんじゃないですか」と言う国会議員が一人もいない。これは「問題」じゃなくて、「答え」なわけです。こうなるように制度を作り込んできたことのみごとな結果なのです。二十年、三十年かかって作り上げてきた作品です。

小選挙区制にしたことがいけなかった。小沢一郎も今は反省しているんじゃないかな。二大政党間で政権交代ができるような仕組みを作るつもりで、結果的には、すべての政党の執行部に権限が集中して、執行部が中枢的にコントロールしやすい組織ができた。政治家個人の能力よりも、「管理しやすさ」を優先して組織を作った。

事情は野党も同じです。そこそこの学歴、そこそこのルックス、そこそこ弁が立つ、という人で、かつ上に決して逆らわないイエスマン。そういう人間だけを選び出して公認してきた。地方議会もそうかもしれません。

このあいだ、福島瑞穂さんと対談しました。ちょうど今日、そのゲラを戻したところなんですけど（『「意地悪」化する日本』岩波書店、二〇一五）、そのときもこの話になりました。盛んに言っておられました。一体、何を基準として立候補者を公認しているのか。政治的見識や力量を基準にしての選定ではないんです。自分の個人的な政治的見識を持っていて、上に抗っても、自分としてはこう思うということを主張できるような政治家は、ほぼ絶滅した。

自民党がそうで、四十代、五十代の議員に人物がいない。この中から次の総理大臣が出てくるはずがない。むしろ、出てきたら困るような人選をしている。管理しやすい組織というのは、未来のない組織なんです。権力も情報も財貨も全部中枢に集めれば、たしかに組織は制御しやすくなるけれど、制御しやすさを優先して組織を作れば、組織の構成員たちの質は不可逆的に低下する。上の人間は自分の権限を守るために、できるだけ力のない人間、無能な人間を周りに集める。これはしようがない。自然過程として、そうなってしまう。制御しやすい組織は、組織としてはどんどん生命力が弱くなってゆき、ある時点で自壊する。

不幸なことに、立法府の構成員たちにまず、その質の低下の影響がダイレクトに出てきた。国権の最高機関のメンバーがあらわに質が低下している。これは、地方議会を含めて日本中で起きている現象です。みんなわかっているけれど、誰も言わない。

そりゃ、言えば角が立つから（笑）。日本中の議員を敵に回して、こんな真実は告げられませんよ。でも、日本の民主主義の危機的状況の第一の病状はまさに立法府の威信低下なんです。

立法府の威信が低下していくことによって、相対的に行政府の立場が強くなり、ついに戦争法案のケースのように、法律の執行者である行政府が法律の制定者をも兼務することになった。

麻生さんが、いみじくも、「ナチスの手口をまねればいい」と言いましたが、本当にその通りなんです。みごとにまねたわけです。行政府に力量のある人間が集まったから、行政府が強くなったわけではないんです。だって、あの程度の人間たちが補佐官とかやっているわけですからね。でも、立法府の威信低下の方が大規模かつ劇的なので、行政府も中身はないんだけれど、立法府よりは「まだまし」ということになっている。

不思議なもので、メディアも、政府批判がうまくできない時は、「政治不信」というふうにして国会を含めて批判するんです。「政治不信」という言い方が実はおかしい。実際には、官邸にはどういう問題があり、国会にはどういう問題があり、霞が関にはどういう問題があるのか、ということは個別的に吟味すべきことなのに、まとめてしまっている。そして、結果的には、「政治不信」という包括的な言葉で、国会議員たちの見識や倫理性がひたすら批判されて、国会の威信が下がっている。メディアは、これが批評的知性の行使だ、これが民主主義なんだと思っているのかも知れない。国会議員の悪口を言うのが民主主義だと思っているのかも知れない。でも、実際には、官邸や霞ヶ関は「手つかず」のままなんです。そこは「聖域」、アンタッチャブルであって、ただ国会だけが選択的に攻撃されている。だから、自身も国会議員である官邸の人々が、「国会議員の数が多すぎる。そんなに要らない」ということを言い出している。彼らは自分のことを「要らない」と言っているわけじゃないんです。行政府を構成する議員だけがいればいい、あとは「陣笠」なんだから、相対多数の頭数だけいればいい。そう思っているから、議員たち自身が議員の悪口を言い、議会の機能不全をあげつらうということが起きる。

病状2　ニヒリズムに陥る国民

僕は、日本の有権者が政治に対して関心をなくしたとか、立法府の威信低下を座視していたとは思いません。座視なんかしていない。日本の有権者はこれに加担しています。明らかに。

もちろん、一つにはメディアの責任があります。「ねじれ国会」とか「決められない政治」ということを言い立てていたのはメディアですから。「組織というのはトップダウンでなければいけない。中枢に全権を集中して、効率的に組織は管理されなければならない」というのはサラリーマンの常識なんですよ。会社の場合、意思決定において従業員の合議だとか、過半数の支持とか、分権なんてありえないですから。CEOに全権を集中して、すべてトップダウンで決める。それが効率的な組織だとサラリーマンはみんな信じている。従業員総会を開いて、過半数の賛成がないと経営方針が決定できない企業なんて、生き馬の目を抜くグローバル経済を生き残れるはずがない。

だから、なぜ政治過程だけが「株式会社みたい」に組織化されていないのか、一般有権者は理解できない。政治プロセスも株式会社と同じように組織化されるべきだ。そう思っている。それが、「ねじれ国会」とか「決められない政治」とかというワーディングにこめられているサラリーマンの思いです。どうして民主制なんていう非効率な制度で国政が運営されているのか意味がわからない、独裁制でいいじゃないか、だって現にうちの会社がそうなんだから……と本気で思っている人たちが日本にはたくさんいる。たくさんどころか、半数近くがそうです。

こういうふうに民主制が空洞化したのは、もちろん産業構造の変化のせいです。僕らが子供の頃、日本の労働者の五〇％が農業従事者でした。人口の半分が農業従事者である社会では、当然ながら、政治的な意思決定のプロセスも農村共同体をベースにしたものになる。村落共同体の合意形成というのは、みんなで集まって、ああでもないこうでもないと長い時間をかけて議論する。そして、全員が同じ程度に不満足なソリューションが「落としどころ」になる。その決定に全員が加担している。誰かが専断したことではない。みんなが決めた。だから、その決定がうまくゆけば、全員がその成果を誇れるし、仮に失敗した場合でも、「オレの責任じゃない」と言って逃げ出すことは誰にもできない。失敗したときに誰かのせいにして逃げることが許されない。だから、徹底的に熟議したわけです。

でも、そのような合意形成システムそのものが産業構造の変化によって瓦解した。今は九〇％以上がサラリーマンです。ほとんどの人が株式会社あるいは株式会社的な組織で働いている。家庭もそうです。家庭は民主的に運営されているわけじゃない。学校もそうです。部活だって、バイトだって、子どもたちが生まれてから経験するさまざまな組織のうちに民主的に運営されているものは一つもないのです。ぜんぶ、「株式会社みたい」な組織です。現在の日本人は生まれてからあと、民主的な組織で、民主的な手続きで合意形成をしたり、反論と折り合いをつけたりという訓練をほとんど経験したことがない。トップダウンの組織しか知らない。家庭では親がトップで、学校では教師がトップで、部活ではコーチがトップで、バイトでは店長がトップで、全部トップダウンでものごとが決められてきた。平均的日本人はそういう組織しか知らない。

合意形成のために、情理を尽くして思うところを述べる。相手の話を聴く。同意できるところをひとつずつ増やしていって、「落としどころ」を探る。こういう技術は現場の経験を積むことでしか身につきません。

民主的な組織では、最終的な決定が採択されたあと、その決定を実行に移すのは「公人」です。民主的な決定プロセスでは、最終的に採択された決定については、トップは反対者を含めて全体を代表しなければならない。それができない人間はトップに立てない。最後に多数決で決まったのだから、反対者の意向などは配慮しないというような人間がトップに推されることはありません。公的な立場にある人間の条件は、反対者を含めて組織全体を代表できることである。それが民主主義の常識ですけれど、その常識が今の日本ではもう常識ではない。安倍首相も橋下前大阪市長も、反対派を代表する気なんかまったくない。自分の支持者だけが配慮の対象であり、自分に反対した人間にはそれにふさわしい処罰を課す、と。本気でそう思っている。そういう考え方をする人間は民主制においては公人たりうることができなかった。でも、今はできる。それは日本がもう民主制社会ではないからです。

なぜ独裁制でも平気でいられるのか。これは興味深い問いです。なぜ、日本の有権者はトップに全権を委ねて平気でいられるのか。それは、トップの上に、「さらに上」があるということを知っているからです。

株式会社の場合、ＣＥＯの「さらに上」にはマーケットがいる。「マーケットは間違えない」というのはすべてのサラリーマンの信仰箇条である。これを疑う人間はビジネスには参入できない。

どれほど独裁的で強権的で人間性に問題のあるＣＥＯであっても、たとえ従業員全員から毛嫌いされていても、彼が決定した経営方針がマーケットに好感された場合、彼の独裁に異議を申し立てることは誰にもできません。別に異議を申し立てる必要もない。だって、CEOが間違っていれば、必ずマーケットが裁定を下すからです。新製品の開発にしても、店舗開発にしても、どこに製造拠点を移すかにしても、何だってそうです。CEOが「オレはこうする」と言ったら、その適否は別に従業員や取締役会が判断しなくてもいい。マーケットが瞬時に判断してくれる。間違っていたら、商品が売れない、収益が減る、株価が下がる。そうなれば、どれほど独裁的なCEOも、株主総会でたちまちクビにされる。だから、従業員たちは経営判断の適否について考える必要がない。CEOが明らかに間違った選択をしても、従業員は、「社長、間違ったことしてますよ」と諫言する必要なんかない。間違ったことをやっていれば、必ずマーケットが反応する。成功か失敗かはすぐわかる。

経営方針の適否はマーケットが判断する、だから従業員はそれについて考えなくてもいい。だから、「サラリーマン化した有権者」が多数を占める「株式会社化した国家」においては、民主制が廃れて、独裁制が選好される。それが、「うちの会社と同じ組織原理で動いている」からです。

では、日本の総理大臣の「さらに上」にいる、「マーケット」に当たるものは何か？ご本人は「次の選挙」だと思っているらしい。だから、「私の政策に文句があれば、次の選挙で落とせばいい」と言い放つ。それは裏を返して言えば、次の選挙の得票率で相対多数を取れば、それは政策について国民から一〇〇%の信認を得たのと同じであるということになる。独裁を負託されたのと同義である、と。たぶん安倍首相はそう信じている。マーケット・シェアのトップを取った企業が市場を「総取り」するというようなことはふつうのマーケットでは起こりませんが、首相の脳内では起きている。

でも、これは安倍首相のまったくの勘違いです。総理大臣の「さらに上」にいるのは、「次の選挙」ではありません。アメリカです（笑）。いや、本当にそうなんです。

日本のサラリーマンにとっての信仰箇条である「マーケットは間違えない」は、日本の国政については、「アメリカは間違えない」に言い換えられる。日本の総理大臣がどんな政策決定をしようと、有権者は関与できません。でも、もしそれが「失敗」だったら、アメリカがやってきて総理大臣の首をすげ替えてくれる。そういう仕組みであることはみんな知っている。だから、有権者が政府の政策決定についてがたがた言う必要はない。ただ黙って、「アメリカの裁定」を待っていればいい。もしアメリカが黙っていれば、それは「安倍でいい」ということだと解釈される。アメリカの暗默の信認があるということは、それだけで首相を支持し続ける十分な理由になる。そういうふうな推論をしている人間がたぶん日本の中高年男性の六〇%を占めている。それが安倍政権の支持層の実体だと僕は思っています。

日本のトップの上に、アメリカという上位審級があって、それが日本の政策の適否を決定するんだから、とりあえずこいつに全部任せていいじゃないか。別に自分たちで政策について善し悪しを考える必要はない。もっと広い視野でものを眺めていて、はるかに合理的な、的確な判断基準でもって物事を決め、実行力もある機関が日本政府の「さらに上」にいるんだから、それに全部決めてもらえばいいじゃないの、と。

安倍さんを支持する人のほとんどは、実際には無意識的にはアメリカの政策判断の合理性を信じている。僕はそうだと思います。だから、アメリカが「安倍ではダメだ」と言い出したら、今安倍さんを「アメリカに信認されているから」というだけの理由で支持している人たちは、雪崩を打って、「安倍じゃダメだ」と言い出しますよ。

資本主義のビジネスではどんなジャンクな商品でも、マーケットが受け入れれば、それは「いい商品」なわけです。「こんなカスみたいな商品がなんで売れるんだろう。

消費者って馬鹿じゃないの？」と思っていても、マーケットが選好する限り、その商品は売り続けなければならない。逆に、どんなにすばらしい商品だという自信があっても、マーケットが反応しなかったら、それは「悪い商品」だったということになる。そういうルールに日本のサラリーマンは慣れ切っている。そして、そのルールをそのまま政治にも適用している。政治家たちとその政策は「商品」である。商品の価値を決めるのは「マーケット」であり、それは日本においては端的にホワイトハウスのことである。そういうルールを日本人は深く内面化してしまった。自分たちがそういう手順で政治家や政党や政策の良否を判定しているということさえ自覚していない。それほど深く、日本人は「属国」マインドを内面化してしまった。

市場に提示する商品ですので、自分自身の価値判断とは関係ないんです。自分の価値の物差しなんか持っていても意味がない。「マーケットは間違えない」という信憑を内面化してしまったサラリーマンはそう思うようになる。決めるのは自分じゃなくて、商品の良否でもなくて、マーケットの判断なんだ。そういう考え方に慣れ切って、何十年も生きている。これが現代日本人に取り憑いたニヒリズムの正体です。国会議員とか官僚とか財界人の顔つきを見ていると、「こんな連中に国政を委ねて大丈夫なのか」という不安はそういうサラリーマンたちにだってあるはずです。「こんなのじゃ、日本はどこに漂流することになるか、わからない」とふつうは思うはずです。でも、思わない。それは、「日本の上にアメリカがいて、日本が変なことをしたら叱ってくれる」と思っているからです。日本政府はあまり頭のよくない連中が仕切っているけれど、ホワイトハウスの連中はそれよりはだいぶＩＱが高そうだ。その連中はそれほど非合理的なことをしないだろうと思っている。

もちろんアメリカは、自分の国益を最大化するためには何でもする。日本の国益を損なうことだって平気でやるし、現にやっている。それでも、日本の国益を損なうような政策をとる場合でも、アメリカは合理的に判断している。アメリカの側に立って考えてみると、なんでそういう政策を選択するのか、理路が見える。

でも、日本政府が次に何をするのか、僕たちには全然予測が立たない。安倍さんの頭の中はまったく想像できない。いろいろな個人的妄想とか、私利私欲とか、政治的幻想とか、名誉欲とか渦巻いているんでしょう。だから、彼が日本人に何をさせたいのか、よくわからない。でも、アメリカが日本に何をさせたいのかは、ある程度想像できる。そして、その範囲内でしか日本は変わらない。変わることができない。改憲だって、核武装だって、中国との戦争だって、日本政府が単独で「やる」と決めることはできない。アメリカの許可が要る。そして、アメリカは自国の国益を最大化するためには、先鋭的なイシューで日本の国論が二分して、国会の議事が混乱したり、反政府デモが全国に広がるような事態は望んでいない。そうなれば、必ず、「もとはと言えば、すべては日本がアメリカの属国であるせいだ」という話になるに決まっているんですから。属国論が政治的主題になることをアメリカはまったく望んでいない。だから、そうなる前に何かしてくる。

もし、今の日本の官邸の上に何もなかったら、僕らはもっと恐怖を感じているはずです。もっと真剣に議論していると思います。だって、いま自民党がやっていることはワイマール共和国末期のナチスとほとんど同じことなんですから。自民党の改憲草案なんて、時代錯誤の狂気の産物としか思えない代物です。でも、それにもかかわらず、安倍政権を支持している人が五〇%近い。その最大の理由は、「アメリカがまだ『安倍を辞めさせろ』と言ってこないから」だと僕は思います。日本人には株式会社マインドが骨の髄にまで染み込んでいる。社長がやっていることはなんだか変だけれど、株主も黙っているし、マーケットも黙っている。だったら、別に替えなくてもいいんだ。誰にいつ替えるのかなんてことは、オレたち従業員が考えることじゃないよ。誰か「偉いさん」がオレたちに代わって決めてくれるんじゃないの。アメリカが安倍さんじゃない人を、「こいつを首相にしろ」と言ってきたら、「はいはい」と言って聴いていればいいじゃない。トップダウンなんだから。それが効率的なんだから。それがグローバル・スタンダードなんだから。たぶんそういう感覚です。日本がどうすればいいのかを決めるのは、日本の有権者じゃない。アメリカが決める。国防も、エネルギーも、食糧も、教育も、基本的な国策については、すべてアメリカが決める。そして、アメリカはエゴイスティックな国だけれど、バカじゃない。だから、属国日本が弱体化することは気にしないだろうけれど、日本が滅びることは望んでいない。だから、アメリカに任せておけば、だんだん落ちぶれてはゆくだろうけれど、まさか滅びるようなことはないんじゃないの。これが日本の有権者の本音だと思います。

「株式会社化」という習慣病

これは政治思想の変化でもないし、政治制度の変化でもない。単に産業構造が変わったというだけのことです。産業構造が変わったせいで、日本人がみんな株式会社の従業員のように思考するようになった。株式会社という、たかだか十八世紀に始まったにすぎない、歴史的にも日の浅い、ごく特殊な社会組織を万物の標準にして、すべての社会組織を作り変えようとした。今の日本では、もうあらゆる制度を株式会社化しようとしている。それこそ全部です。国民国家も地方自治体も医療も教育もメディアも、全部株式会社化されている。

この二十五年間、僕は大学で、砂かぶりで、「大学の株式会社化」を見てきました。九〇年代から後の大学改革は、一言で言えば、すべて株式会社化です。学長や理事長に全権を集中させろ。教授会に予算配分権や人事権を与えるな。マーケットに選好されるセクターに教育資源を集めろ。ニーズのないセクターはつぶせ。要するにそういうことです。それを文科省が命令する。それに逆らう大学には助成金が出ない。

これまで大学は教授会民主主義でやってきました。それがもうあっという間に空洞化した。文科省の命令で。日本中の学校の学則が去年変わった。教授会は、教学についても人事についても予算についても、もう決定権を持たない。全権は学長が持つ。教授会はただの諮問機関です。もう入学判定も卒業判定も教授会の決定事項ではないんです。

　この根源的な制度改革に対して、大学人がほとんど有効な反論をできなかった。僕はそれが驚きでした。大学を株式会社のようにするという流れについて、大学人自身が、「株式会社がそうなっているのなら、それに従うしかない」「大学教授会なんて民間ではありえない」と素直に認めてしまった。そりゃそうですよ。大学は民間企業じゃないんですから（笑）。営利のためにやっているわけじゃない。でも、「そんなこと民間ではありえない」という言いがかりで制度改革を進めていったら、学校教育も医療も行政も司法も、全部、「民間ではありえない」ようなかたちで運営されている。あたりまえです。営利事業じゃないんですから。

　橋下さんが地方自治体をとがめて、「民間ではありえない」と罵倒していましたね。でも、あたりまえじゃないですか（笑）、自治体は民間企業じゃないんだから。営利企業ではないところにやってきて、「なんでここは営利企業みたいに組織されていないんだ！」と言っても、それは犬に向かって、「なんでお前は猫じゃないんだ」と言っているのと変わらない。設置目的が違うんだから、違って当然です。行政サービスを安定的に提供するのが自治体の本務です。イノベーションだとか、コストカットだとか、成長だとかいったようなことは自治体の仕事じゃない。営利企業だったら、毎年コストカットして、売り上げを上げることは当然ですけれど、自治体は別に成長することを求められているわけじゃない。

でも、橋下さんの「民間ではありえない」という罵倒に、「あたりまえじゃないか。民間じゃないんだから」と反論した人は、僕が知る限り、大阪には一人もいませんでした。「民間ではありえないらしい」「たしかに民間ではありえない」「俺は見たことない。俺が知ってる組織は全部民間だから」、「じゃあ、民間みたいに変えましょう」という話になった。そうやって、金にならないセクターは全部つぶすということになった。官営のセクターのうちでも利益を上げているものは、民間に売り払えということになった。学校も要らない、医療機関も要らない、文化施設も要らない。金にならないもの、「株式会社化イデオロギー」となじみの悪いものは全部要らないということになった。

この仕組みは、それなりに合理的な面があります。意思決定が早い。トップダウンで、上の意思が下まで一気に伝わる。政策がマーケットに信認されないとトップが交代させられる。変化は早いです。生き馬の目を抜くグローバル資本主義市場に最適化するために、スピーディに変化することのできるものだけが生き残れる。変化への適応力と機動性が最も高く評価される。一貫性とか、論理性とか、人間についての洞察の深さとか、歴史的に幅の広いものの見方とか、そういうものは一顧だにされない。昨日言ったことを今日は忘れている。昨日した約束を今日は反古にできる。そういう人間だけが生き残れる。生き残れるどころか、高く評価される。今の日本はそういう社会です。未来のことを考えているとしても、せいぜい半年先。ほとんどの人は四半期のことしか考えていない。「当期利益至上主義」というのは、まさに現代日本人が罹患している病気です。三十年後、五十年後のことを考えている人間が、指導層にみごとに一人もいない。一人もいないのです。ここまでエリートが劣化したことは日本の歴史上なかったことです。

非効率のススメ

あと残り五分です。絶望的な話のまま終わりそうですが（笑）、なんとか取り散らかった話をまとめます。

民主主義はやっぱりだめなのか。どうでしょうか。民主主義というのは安定的な政体のことではありません。それは、ただの「枠組み」にすぎない。それを生かすのは市民たち、有権者たちです。今の日本の民主主義のかたちというのは、非常に歪んだものになっています。いわば、「独裁制民主主義」です。でも、これは強権的に押し付けられたものではない。日本国民がその総意で、「独裁制がいい」と言って選んだものです。国民の「国のかたちはかくあるべき」という思いを投影してできたのが、安倍政権なんです。株式会社にそっくりの国家のかたち、「民間企業みたいな政府」、それが日本国民が望んだものです。ワンマン社長に全権を委ね、従業員たちは経営方針について何の発言権もなく、代わりに何の責任もない。経営方針の適否は「マーケット」が決めてくれるから、自分たちは経営方針の適否について自分の頭を使って考える必要がない。ぼんやり口を開けて、「マーケット」の裁定を待っていればいい。そうやって思考停止しているうちに、現場がどんどん劣化し、ろくな人間が育たないし、ろくな「商品」も作れなくなった。イノベーションもないし、現場における創意工夫もない。でも、それは自分の責任じゃないと思って、ぼんやり、「上」を見上げている。日本が「ひどいこと」になったら、「マーケット」がワンマン社長の首をすげ替えるだろうから、それまでは放っておけばいい。社長の首をどうこうするのは従業員の仕事じゃない。従業員が社長の資質の適否を論じるなんて「民間ではありえない」から。それが日本の現状です。

残り三分で対案を考えましょう（笑）。独裁の反対概念は共和制であるということを申し上げました。一言でいうと、法の制定者と法の執行者が別機関であり、法の制定者である立法府の方が行政府よりも上位にあること、これが共和制です。共和制的な民主主義が、健全な民主主義のかたちである。僕はそう思っています。

共和制的な民主主義では、政府の政策の適否を判断するのは「マーケット」ではなく、市民たちのさまざまな「思い」です。マーケット・シェアがトップのところが「総取りする」ということは共和制ではありえない。共和制の手柄というのは決定に時間がかかることです。だから、非常に効率が悪い。一つのことを決めるのに長い時間がかかる。市民たちすべての意見をできるだけ取り込むわけですから、時間がかかるに決まっている。さらに、そうやって採択された政策は「みんなが喜ぶもの」ではなく、むしろ、「全員が同じ程度不満なもの」になる。自分の意見が一〇〇％通ったと言ってにこにこしている人がいないというのが共和制です。全員が同じ程度に「不満足顔」をしている。共和制というのは、「共和的な不満足」というかたちで具体化するのです。独裁制は、一握りの「一〇〇%の満足を感じている独裁者とその取り巻きたち」と、多数の「自分の要望がまったく取り入れられなかった人たち」に二極化しています。「独裁者とその取り巻きたち」は政官財メディアの要路を占めていますから、社会の上澄みの方を見ると、みんな、「たいへんけっこうなことである」とにこにこしている。独裁制だと、独裁制の受益者たちがいる。政策に関して、一〇〇%自分の意見が通ったと思っている人たちが、少数ではあれ、存在する。でも、共和制では、そんな人は一人もいない。全員が不満顔である。「なんでこんな玉虫色の法案なんだ」「なんでこんな八方美人の微温的な政策なんだ」という不満がいつも口にされる。

でも、共和制の最大のメリットは、「ものごとが決まるのが遅い」ために、国が滅びるときも「遅い」ということです。一つのイデオロギーや一時の政治的熱狂によって国全体が一方向に暴走することがない。ぐだぐだと議論をしているうちに、熱狂も覚め、すばらしいと思われた政策も、気がつくと色褪せている。個人の決断の代わりに、ゆっくり流れる時間そのものがことの理非を裁定する。歴史の審判が個人の明察に代わる。三権分立も、両院制もまさにその機能は、「簡単にはものごとが決められないようにすること」です。だから、独裁制の支持者たちは必ず、「参院廃止・首相公選」を主張します。必ず。衆参二つの院なんかある必要はないと、一院制でいいじゃないか、と。地方自治体も数が多すぎる、道州制がいい、という。そういうひとたちは独裁制が好きなんです。独裁というか、株式会社が好きなんです。好きというより、それしか組織のかたちを知らないので、自分の知っている組織体にすべての社会制度を揃えて欲しいんです。制度はなんでも株式会社みたいなものの方がいい。トップに全権を集中させ、トップダウンで効率的にものごとが決まる。政策の適否については自分たちが判断しなくていい。「マーケット」が代わりに決めてくれる。それが一番楽だし、客観的だ、と。

　でも、僕たちは別に商売をしているわけじゃない。問題は、効率じゃない。政策決定の速度と政策の適切性の間には何の相関もない。逆ですよね。政策に関しては、どう考えても、時間をかけて、熟慮した方がリスクは少ない。

　共和制では、採択された政策について、全員の要望がちょっとずつ入っている。ちょっとずつだから、不満だけれど、とにかく自分の意見もちょっとは入っている。そして、政策決定過程で自分は意見聴取されている。だから、その政策が失敗した場合、自分にもいくぶんかの責任がある。そして、それが成功した場合は、それがもたらしたメリットについて、いくぶんかの請求権がある。結果が良くても悪くても、市民たちが誰一人として、「オレには責任ないよ」と言って頬被りすることができない。政策がうまくいった場合ではなく、失敗した場合に、関係者全員が「なんとかしなくちゃいけない」と、自分の「責任の割り前」を引き受ける気になる。そのための意思決定の仕組みなんです。政治過程というのは、そういうものです。うまくいった場合の話じゃなくて、失敗した場合に、「オレは知らんよ」と言って逃げ出す人間がいないようにする仕組みなんです。うまくいった時にどれくらい「いいこと」があるかではなく、うまくいかなかった時に、破滅的な事態を回避できること、そちらの方を優先的に配慮するのが共和制なんです。

だから、今、日本に求められているのは、「非効率」なんです。いかにして効率を下げるか。こう言うと、「だったらやだ」っていう人が多いかもしれませんが（笑）。

日本国憲法を作った時、わざわざ両院を設けたのは、決定を遅らせるためです。だから、わざわざ選挙の仕組みを変え、任期もずらしている。戦後最初の参議院の第一政党は緑風会でした。統一的な綱領を持った政党ではなかった。「ねじれ現象」なんて言いますけど、戦後の政体が始まった瞬間から、「ねじれて」いたんです。「ねじれ」がいけないという人たちは、日本の戦後政治は最初から最後まで、「ねじれ」ているのが常態であったという歴史的事実をどう評価しているのか。衆参両議院の政党比率が同じであるべきだなどというのなら、参議院は必要ないし、行政府の出す法律はそのまま無修正で採決されるべきだというのなら、そもそも議会は必要ない。行政府の出す法案や政策の適否を判断するのは有権者ではなく、「マーケット」だというのなら、総理大臣を選ぶ必要さえない。はじめから、アメリカに日本の「長官」を指名してもらった方がずっと話が早い。いや、本音では、「アメリカ大統領に〝属国日本の長官〟を指名してもらった方が統治しやすいんだけど」と思っている政治家も官僚も少なからずいると思いますよ。

日本はアメリカの属国ですから、本気で効率的に統治したいなら、アメリカの指名する「代官」に統治を委ねるのが一番効率的です。でも、そうなったら、もう二度と日本は主権国家として立ち上がることはできなくなる。日本の民主制は、日本がもう一度主権国家に立ち戻るための最後のチャンスです。

安倍さんは「代官」として、日本をアメリカから委任されて独裁的に統治しようとしている。「代官」であれば、ドメスティックにはしたい放題のことができる。安倍さんがどれほど強権的で抑圧的な政体を作ろうとも、ひたすらアメリカの国益のために追随するなら、アメリカは内政には干渉してこない。それは、フィリピンのマルコスとか、インドネシアのスハルトとか、韓国の李承晩のような独裁者をアメリカが自国の国益に資する限り支援してきた歴史的事例からも明らかです。

安倍さんとしては、自分たちの支配システムを永続化させたい。そのためには危機を煽る必要がある。共和制的な熟議の仕組みを否定する必要がある。だからまず、日本をとりまく安全保障環境は危機的状況にあり、国会における民主的な討議を経て、政策を決定するというような悠長なことは許されないと言い続ける。「即断即決しなければ、国が滅びる」という考え方をあらゆる手立てを使ってアナウンスする。政策決定が早いこと、政策決定にかかわる人間の数が少ないこと、理想的には一人であること、それが国難を乗り切るためには絶対に必要なのだということを、メディアを利用して、繰り返し言い続けて、国民に刷り込んで行く。「緊急避難」という大義名分さえあれば、独裁は許容されるというのは歴史的な教訓です。だから、「仮想敵国」

をとにかく増やすことが必要になる。中国が攻めてくる、北朝鮮が攻めてくる、韓国が攻めてくる、ロシアが攻めてくる……と、近隣諸国をすべて仮想敵国に想定して、緊急避難的措置の不可避であることを説き続けているのはそのせいです。近隣諸国との外交関係が緊張しているのなら、どうやってそれを緩和するかが外交上の知恵の使いどころであるはずですけれど、そんな努力はする気配もない。というのも、外交関係の緊張が持続していないと、「緊急避難措置としての独裁制の必須であること」を国民に納得してもらえないからです。だから、あらゆる機会を使って、隣国を挑発して、軍事的緊張を高めようとする。近隣諸国との関係が穏やかなものになると、共和制にチャンスが出てきてしまう。それは全力で阻止しなければならない。だから、戦争法案のような法律が出てくるのです。

今の日本は、こうして民主主義のかたちをとった独裁に移行しつつあります。みなさん、ぜひ、自民党改憲草案の「緊急事態」の箇所を読んでみてください。よく読むとわかります。これは、憲法を停止し、内閣総理大臣が全権を掌握して、それが永続するための法的手続きを定めたものです。内閣総理大臣が「緊急事態宣言」を一度出したら、法理的には、憲法が停止して、内閣が発令する政令が法律を代行する状態が、未来永劫に続く。一応、一〇〇日ごとに国会が召集されて、緊急事態を継続するかどうかを採決するのですけれども、一〇〇日前に緊急事態に賛成した与党議員たちがそのまま居座っているわけですから、「緊急事態を継続すべき」ということがただ繰り返し追認されるだけです。そのうちに、老衰で議員がだんだんと死んでいったりするかもしれませんけれど、緊急事態下では選挙はできませんから、いつか議員がゼロになる。国会議員が全員死んでしまった時にどうするのか、改憲草案には何の規定もありませんから、おそらく総理大臣が未来永劫に日本を支配し続けることになるのでしょう。彼が政令で自分の後継者を指名すれば、その人が次の独裁者になる。ほとんど北朝鮮ですけれど、自民党の改憲草案はまさに日本の北朝鮮化を目指している。そう断定して良いと思います。自民党改憲草案を読めば、彼らがどんな国を理想にしているか、よくわかります。立法府が存在しない国です。国民を代表する人たちが誰も国政の決定にかかわることができないシステム。今権力を握っている人たちが未来永劫に権力を保持し続け、富を独占し続けるシステム。つまり、緊急事態宣言と同時に「歴史が終わる」仕組みを、自民党は作ろうとしている。そして、「立法府が存在しない国」という国家イメージが、多くの「サラリーマン化した」日本人にとって、ごくあたりまえの、というより積極的に魅力的なものだということを彼らは直感的に分かっているんです。

夢も希望もない話になり、誠に申しわけありませんけれども、お時間になりましたので、このへんにいたします。

第二部

「暗くたって、いいじゃない」

内田樹×平川克美×奈須りえ

奈須　というわけで、「やっぱりあきらめられない民主主義」なんですけれども……内田さんのお話を伺うと、「民主主義ってやっぱり無理かなあ」みたいな気持ちになったりもしました。

先ほどのお話のなかで、立法府という言葉が出ました。三権分立の、立法・司法・行政のなかの立法府に入るのかなみたいな、そんな気持ちで、私は議員をやってみようと思ったんです。私が最初に当選して議員になったのが、二〇〇三年です。それまではまったくの無党派、というか特に支持政党もなくて、議会とは何をするところなのかも、あまりよく分かっていませんでした。実際に中に入って見ていると、民主主義といっても多数決主義で、いろいろな議論も十分に行われていないと思っています。十数年議員をやってきていますけれども、二、三年前に、都議会議員の選挙に出たんです。当時、私は区議会議員だったんですが、落選して、二年間、区議会を離れることになりました。二〇一五年の四月にまた選挙があって、二年ぶりぐらいに区政に戻ってみたら、この二年の間に政治の状況がすごく大きく変わっているなって、驚いています。

行政からの報告事項、今こういうことが行われているという、いわゆる意思決定過程を議会に見せるという状況も、とても少なくなってきています。地方議会は国会のまねっこみたいなことをしているんでしょうかね。審議の時間もすごく短くなっていると感じています。

今日は、内田さんや平川さんに、こういう危機的な政治状況をどうやったら変えられるのかについて、何かヒントをいただければと思っております。

離れるアメリカ、すがる日本

奈須　さっき控室で、平川さんは、「内田くんの講演を聞くのは初めてだ」と……

平川　そうなんです。内田くんとは、二人で対談をずーっとやっていて、話すことがもうほとんどないんですよ（笑）。今日もここに来る前にやってたんですけど。しかし、ちゃんとした講演を聞いたのは初めてなんですよね。

内田　どうでしたか？

平川　なかなか、いいじゃない（笑）。

とっても面白かったですよ。議論の進め方がスリリングで、どういうふうに進んで行くのかなと思って聞いていたら、日本の内閣総理大臣の上位審級にアメリカがいるっていうところへ持っていった。その話の進め方に奇妙に納得してしまって、「アメリカがいるんだったら、意外と大丈夫かな」と。

もちろん、アメリカも大丈夫じゃないんですよ。日本はカモにされているだけですからね、実際には。アメリカは、常にアメリカの国益しか考えない。別にそれが悪いというわけじゃない。国家とはそういうものだから。問題は、日本の政治家の中にもアメリカの国益しか考えないような人が、実際にたくさん出てきている、ということなんです。

おそらく、アメリカにとって一番嫌なことは、日本が軍国化することなわけですよ。それは太平洋戦争の記憶を甦えらせる。だから、それだけはしないのかなと思っていました。ところが、アメリカも最近はミスばっかりしていて、アルカイダを育てちゃったり、ISを作っちゃったり……要するに、飼い犬にして、武器を渡したら、最後は飼い犬に足をかまれるみたいなことをやってます。日本もアメリカの飼い犬みたいになっていますが、足かんじゃうとまずいねと。だから、安心はしてられないねということなんです。

内田 今、アメリカの国務省は対日政策をどういう感じで考えているんだろう。どこまで食いものにできるのか。僕が国務省の役人だったら、「そろそろ手加減した方がいいんじゃないですか」って提言するね。例えば、日本国民の対米感情を良くしようと思ったら、「沖縄の基地、返しませんか」って提言するけどね。

平川 このあいだ、モンデールさんが、「普天間の代替基地は、辺野古だとは言ってない」ということを言っていたね。国際情勢に詳しいジャーナリストの田中宇さんとも話したんだけれど、要するに、あの時点で、アメリカの意志はどうやらグアムまで撤退だと。あるいは、海兵隊だから、本土まで撤退してもいいんだって考えている、と。

ということは結局、「辺野古以外にない」と言っていたのはアメリカじゃなくて、日本だよね。日本はとにかく、まあ、なんていったらいいんですかね、お兄ちゃんコンプレックスというか、お姉ちゃんコンプレックスというか……とにかくアメリカにいてほしい。そういうところが強いんじゃないですか。

内田　アメリカに手を引かれると、そのあとは、日本で独自に外交戦略、国防戦略を立案しなきゃいけない。でも、戦後七十年間、日本は自力で国防戦略なんか考えたことがない。講和条約の後くらいは考えていたと思う。対米従属を通じての対米自立というトリッキーな戦略を思いついたのはその時の政治家たちだから。でも、七三年の日中共同声明で、田中角栄がキッシンジャーから「絶対に許さない」と言われて、その後政権から放逐されて以来、アメリカの許諾なしに国防戦略や外交戦略やエネルギー戦略を立案してはならない、ということを日本の指導層は骨の髄まで叩き込まれた。それから後は、もう外務省も防衛省もまったく独自で日本の国益を考えて政策立案するという習慣を失ってしまった。アメリカの許諾が確実に得られる政策以外は提案してこなかった。提案しても一発で反古にされることが分かっているわけだから、そんなことのために知的資源を費やす官僚なんか出てくるはずがない。そうやって何十年も演《や》ってきて、今さら、「じゃあ、これからは自力で国益守ってね」って言われても、そもそも自力で国家戦略を立案したことがないんだから、無理だよ。

だから必死にアメリカに取りすがっているわけでしょ。「日本から出て行かないでください」「いつまでも沖縄にいてください」っていうのは、別に米軍基地の軍略的有用性がどうこうという話じゃなくて、東アジアで日本が何をすればいいのか、日本人に代わって考えてくださいということでしょ。でも、アメリカはもうそういう日本の依存症的なあり方に、正直うんざりしているんじゃないかな。「こっちだって、もう尻に火が点いているんだ、そろそろ自分のことは自分で考えろよ」という気分になっているんじゃないかな。

平川　そうだと思うし、だんだん日本の重要性が下がって、中国の方が大事になってきているんでしょうけど。そもそも、日本の主導的な知識人の考え方がアメリカ志向になっている。特に政治学者と経済学者がそう。これは白井聡さんも言っていましたが、政治学というのは、アメリカの国益のための学問なんですよね。いわゆる、中立的な学問、かつてのアリストテレスとかプラトンとかの純粋政治学というようなものではないわけです、今の政治学は。日本の政治学者は、アメリカに留学して、箔をつけて帰ってきて大学の教授になるから、頭ん中はアメリカの国益なんですよ。経済学者も同じです。

なんでみんなハーバードだとか、スタンフォードだとかに留学しなくてはならないんだ、と思うわけですよ。国民国家の政治や経済を語るのに、アメリカの大学を出ている必要はないじゃないかと。猫も杓子もって言い方がいいのかどうか分かりませんが、とにかくアメリカに行って箔をつけて帰ってくる。でも、注意しなくてはいけないのは、例えば文学だとか、他のものと違うわけですね。要するに、実利的な学問なんですよ、政治学や経済学というのは。アメリカの経済学は、ほとんどグローバル経済学ですよね。そういったものを身に付けた人たちが帰ってきて主要ポストにつくから、それが趨勢になっている。

内田　そんなの、植民地支配の基本中の基本じゃない。日本は植民地だっていうことを考えれば、あたりまえだよね。

平川　でもさ、なんであんなことを、竹中平蔵さんとかさ、同志社大学の前学長の村田晃嗣さんが言うのかなって、不思議でしょうがなかったんですよ。

内田　植民地の買弁資本と同じでしょう。買弁資本家や植民地官僚が自己利益のために国を売るのなんて、別に不思議じゃないと思うけど。

平川　そういう人たちにレクチャーを受けてるから、政治家もそうなる。

内田　そんなの、あたりまえじゃない。僕がアメリカの国務省にいたら、村田晃嗣とか、ああいうアメリカの方ばかり向いている人間を重用しなさいって、日本政府にアドバイスするよ。アメリカの国益を最大化することで華やかなキャリア・パスが開けるということが分かっている人間たちの数を増やして、それをシステムの要路に送り込むのって植民地支配の基本だから。

平川　でもさ、それは言わない約束でしょ。

内田　いや、そろそろ言わないとさ（笑）、いくら何でも、ここまで来ちゃったら。

「お前はどっちなんだ、選べ」

平川　ちょっと話を戻してもいいですか。

さっきの内田くんの話、いつから日本の政治家が劣化したのかっていうか、おかしくなったのかなっていう話。あれね、僕は、小泉純一郎さんの時からじゃないかと思っているんですよ。

小泉さんが郵政選挙をやった。郵政民営化に「賛成」か「反対」か——正しくは「反対」じゃなくて「守旧派」かということだけど——、国政選挙でやった。そもそも、郵政なんて、どうでもいいと言っちゃあれなんだけど、その後誰も話題にしてないわけですよ。最近の株式上場ぐらいしか話題にならない。賛成だったらどうなのか、あるいは反対だったらどうなのかということは関係ない。それで国政選挙ですよ。

つまり、あの時に何が行われたのかというと、問題設定が「AかBか」になったんですよ。郵政のなかに民営化的な政策を入れるかどうかっていうのは、実は、「AかBか」の二者択一の問題じゃなくて、程度の問題だった。小泉さんというのは、程度問題を全部二者択一問題にして、選挙に勝ってきたんです。この間ずーっと行われてるのはその二者択一で、「お前はどっちなんだ」と迫る。実はこれ、非常に政治的な言語なんですよね。「お前は敵か味方か」というわけ。

でも、ほとんどの問題は、実は二者択一問題ではなくて、程度の問題なんですよ。どの程度、株式会社的な論理を入れようか。効率的にすべき部分もあるけど、でもここは公共だから、大体このへんまでにしておこう、とか。

なんていうのかな、程度問題を語る語法というのを、実はこの十年間で日本人はほとんどなくしてしまった。つまり、考えるということをしなくなったということです。これは政治家も含めてなんだけど、一応、僕もそう。

内田　僕らを含めてね（笑）。過激になってるよね、ものの言い方が。「ナントカです」とか。「イエスかノーか」「共和制か独裁か」って。本当は程度問題なのにさ。やっぱり、小泉純一郎の呪縛がここまできてるんだ。

平川　やっぱり、小泉さんは魅力的だったんですよ。おそらく、人間としての、人物としての「徳」っていうのかな、そういうものをお持ちの方だったんだと思います。いや、違うな。「徳」じゃなくて、カリスマね。だから、従うか、離れるか、しかないわけ。だからこそ、あの人はそういう発想になってしまった。これは彼にレクチャーした方が悪いんだろうと思うけど、彼も、自分の政治言語スタイルを自覚的に使った。そのカリスマ性にみんなで乗っかってしまった。

ところが、それをまねして出てくる人たちがいた。例えば、NHK会長の籾井勝人さんですよね。上村達男さんが『NHKはなぜ、反知性主義に乗っ取られたのか』（東洋経済新報社、二〇一五）という本で、組織の上に立つ人は、少なくとも最低限の徳というものを持ってないと、その組織は悲劇的なことになると書いています。これは暗に、そういった徳を持ってないってことだと思います。要するに、私利私欲みたいなもので動くということね。籾井さんのことを悪く言ってもしょうがないんだけど。

つまり、小泉さんだったら許されたことでも、みんなが許されるというわけじゃなかった。小泉さんは、あとから、「原発は間違っていた」と言って、今は反原発でやってますよね。政治家が間違いを改めるということはいいことなんだけれど、でも、彼の手法というものに対して、僕はものすごく反発を感じて、当時はいろいろと言ってたんですね。ああいうブームみたいなものが起きてしまって、どうやらそれを多くの人たちが、橋下さんもそうですが、まねをしているというんですか。そういうところがありますよね。
だから、まずは僕らは、程度問題を語る語り口を取り戻すべきだっていうことになりますね。だけど、おそらくこれは難しい話になる。

内田　「二者択一か程度問題か」って、すでに二者択一になっているしね（笑）。

平川　そういうことを言うからね、君は（笑）。

内田　いや、でもね、そこまで侵されているっていうことは自覚したほうがいい。程度問題的な語法っていうのを実践してみせるしかないんだけど。

平川　程度問題的な語法って、例えば、「僕はこういうことを言ってるんだけど、ちょっと違うかも」とか、「うーん、あんまり自信ないんだけどさ……」とかだよね。つまり、きっぱりと一〇〇％自信を持って断言するみたいな、「決められる政治」みたいなのはよくない、というコンセンサスを作らなきゃいけないと思うんですよ。人間のやることは全部いい加減なんですよ。それが人間のロールモデル。

内田　そう。

平川　だから、そのいい加減なものに合わせてシステムを設計しなきゃいけないのに、「人間は完璧なものだ」と思って設計していくから、とんでもない変なものを作ってしまう。偉そうなことを言っているけど、まあ大体そうですよ。偉そうなことを言っているやつだってね、家に帰ればステテコ一丁で、ちょっと冴えないお父ちゃんだったりするわけですよ（笑）。やっぱり、そういったところをちゃんと見ないといけないと思うんだよね。

奈須　私は議員ですから、選挙をやったり、あるいは政策をみなさんにお伝えしたりしますけど、その場合、とにかく、話が長いのはだめなんですよ。「シンプルに」「簡単に、短く、わかりやすくしなさい」って言われます。

例えば、私が蒲田の駅前に立って、「みなさん、こんにちは。最近の政治状況ですが、先日、平成二十六年度の決算が報告されまして、総額がいくらでございまして……教育費はこのぐらい増えましたが、実は中身はこうで……」と、一つひとつ言っても、そんなの誰も聞いてくれません。

細かいことを一つひとつ言うよりも、「こんなに増えてどうなんだ、無駄遣いだろ」って、そのほうがみなさんは、「おお、なんか無駄遣いに厳しい政治家なんだな」「よくやってるぞ」って（笑）、そうなりませんか？

平川　それは、「とにかくシンプルでわかりやすく」ってやつだね。今から十五年ぐらい前かな。当時、ＩＢＭの社長だった友人と私がそれぞれ講演をしたんです。「ＩＢＭの社長は本当にわかりやすい。一言で、シンプル。ところが、平川の言ってることはなんだかごちゃごちゃしていて、よくわからない。何がしたいんだ」と言われて（笑）、「いや、俺も何をしたいかわかんなくてここにきてるんだよ」っていう話をした覚えがあるんですよ。

その時に、やっぱりビジネスの世界では、シンプルでわかりやすいことが求められていると思った。これはたぶん、今の政治の世界でも、奈須さんがおっしゃられたように、同じなんでしょう。すごくよくわかりますよ。

内田　僕もよく、「テレビに出ろ」って言われたんだけれども、その理由が、「内田さんの話はシンプルでわかりやすい」「一五秒ぐらいですぱっと言う人がなかなかいないんですよ」ってね（笑）。「俺ってそうなのかな」と思って、けっこう反省したんだよ。

平川　そういうとこあるね、君は（笑）。

内田　うん、確かにあるね。

選べないところに真実がある

内田　だけど、程度問題と二者択一問題については、結局、具体的なものを見せるしかないと思うんだよね。「あなたの政治思想はなんですか」と問われて、言葉じゃなく、「これです」と提示する。自分の生きているかたち、自分の住んでいるところ、実際に今自分が運営している組織とかを、「これです」って見せてみる。そうすると、それがどんなものなのか、いいのか悪いのか、中に入り込んで、そこにいる具体的な人間たちを見てみないと判断がつかないでしょ。でも、そこには生身の人間がいっぱいいて、それぞれの思いがあって、いろんなつながりがある。その組織がいいのか悪いのかなんて、一義的には判定しがたい。

僕が作っている組織は「凱風館」っていう道場共同体なんだけど、相互扶助共同体みたいなもので、かつ学術的な共同体でもある。さしあたりは、この組織体が僕の考えている政治実践なわけです。それがどんなものなのか、一言で言ってくれと言われても、言えない。見にきてもらうしかない。

だから、AかBかの二者択一に対抗するには、「自分のはこれです」って示すしかないと思う。SEALDsの「民主主義って何だ?」「これだ!」に感動したのも、そうなんだよ。「民主主義とはどういうものか、これが僕たちの考える民主主義です。ここに来て、見てください」ってメッセージに衝撃を受けた。何十人、何百人といるんだけれど、一人ひとりの顔を見て、一人ひとりと話をすると、たぶんみんな違うことを言うんだろうけど、でも、とりあえずここにいる。「これです」と言って、生身を差し出している個人がいる。身体性を担保にして、差し出しているというところがね、いいと思う。

平川　さっきの内田くんの講演で、かつての学生党派、学生運動が革命を目指していたっていう話があったけど、実際は、例えば女子学生がお茶汲みをやらされたり、非常に前近代的というか、封建制だった。そのなかにいた時、「革命が本当に起こるかもしれない」って思ったことがあったんだけど、「もし革命が起きたら、僕らは真っ先に粛清されるよね」っていう話を内田くんとしたことがあるんですよ(笑)。

つまり、なんていったらいいかな、自分たちの一番足元にある態度や考え方をネグレクトして論理を組み立てることはいくらでもできるんだけど、それを実際に自分の生活として実践していくというか……見せていく、ロールモデルに自らがなっていくっていうことはなかなかできることじゃない。でも、それがとても大切なことだと思います。

おそらく、これから日本のなかにも、若い人も含めてそういう人たち、例えば農業にいっている人だとか世界をまわっている人だとかが、ぽつりぽつりと出てくるんだろうと思うんですよ。やっぱりそういう人たちをとにかく応援していくことですかね。

内田　農業の話が出ましたが、周防大島にいって、農業やってる若い人たちと喋った時にちょっと感動したことがあってね。農業をやっている人が「若い人たちに『農業においで』とはなかなか言えない」って言っていたんです。なんでかというと、自分がなんで農業をやっているのかを言葉にできないんです。農業のどこがいいのか、どういうメリットがあるのか、ということをうまく言葉にできないんだって。

でも、その人が、「こんな生活をしているんです」っていう時の、自分の日常の話をする時の言葉は素晴らしいんだ。奥が深い。土の手触りとか、農作物の香りとか、青い空の感じとか、雨が降っている時のこととか、そういう話をしてくれたんだけれど、ものすごくリアリティがあるんだ。でも、どうして農業がいいのか、という一般論を語ろうとすると、絶句してしまう。

その時、本当に分厚い経験というか、身体に深く入り込んでいる経験というのは、簡単に言葉にできないんだなと思った。「みなさん、周防大島に来て、農業をやりましょう」って、すごくシンプルな言葉に置き換えられてしまうと、それはもうイデオロギーでしょ。でも、そういうんじゃないんだよ。経験は深ければ深いほど、自分の中に本当に深く入り込んできている。自分の根幹にかかわることは、簡単には言葉にできない。

このあいだ、イタリア人の合気道家たちのグループが凱風館に来て、居酒屋で飲んでる時に、いきなりフランス語で、「内田先生は、レヴィナスの研究をされてるそうですけれど、どうして日本人がレヴィナスなんですか?」って急に聞かれて、絶句しちゃったんだよね。いきなりの質問だったので、とっさにフランス語が出てこないってこともあったんだけど(笑)。そういう根源的なことを急に聞かれて、答えが出なくて、数分間絶句してたの。そしたら向こうがさ、諦めて違う話題にしてくれた。自分の根本に関わることって、簡単には言葉にできない。

平川　僕は、内田くんにそのことで学んだことがあったんだよね。昔、学校を出た後に何年かぶりで彼と会って、「食ってけないから、会社でもやろうや」と言って会社をやったんですよ。それがうまくいった。

会社の中で専務だった人が、実は話下手で、何を言っているかよく分からないところがあったんですよ。その時に僕は、「何が言いたいんだよ」と結構責めたんだけど、内田くんが、何を言っているのか分からないっていうことが実は大事なんだ、と。「彼が何を言おうとしているのか、とにかくそれが分かるような会社にしよう」って、そんなことを言ってくれたんですよ。これは今日の話でいうと、まったく会社の論理とはかけ離れた話なんだけれどね。

で、そのあと何年か経ってから内田くんが書いたのが『ためらいの倫理学』（角川文庫、二〇〇三）という本だった。まさに、その、ためらっていたり、言い淀んだり、何かそういうところのなかにこそ真実があるんだ、と書いてあった。言うに言われぬ思いだとか、そういうところに大切なものがあるんだ、っていうことね。本当に、僕はそのことを彼から学びましたね。こんなところでヨイショしてもしょうがないんだけど（笑）。でも、本当なんですよ。覚えてますか？

内田　そうなの？　まったく覚えてないなあ。それに、なんというかな……「ためらったり、言い淀んだり、うまく言えないことがある、それが大切だって言ってる当のお前は、ずいぶんとぺらぺらしゃべるじゃないか」って意識があるわけだよ。『ためらいの倫理学』なんていう本を書いてさ、「ためらうとはどういうことか」をぺらぺら理路整然と語るって（笑）、どこがどうためらっているんだろうかって。

僕はどっちかって言うと、「二者択一の人」なんだよ。だから逆に、すごく言い淀んだりためらったりする人に出会うと、「ああ、すごいなあ」って感動しちゃうんだよね。

平川　それはおかしいでしょう。講演でも出たけど、内田くんとは小学校が一緒で、教室の一番前の席に僕らは二人で並ばされていたんですよ。クラスの他の子たちの席は全部、男女、男女なんです。僕らだけ男男で並ばされてね（笑）、監視下に置かれて、保護観察下だったたんだけど……何を言おうとしてたかな（笑）。そうそう、結局、なんかすごく自信があったんですね。僕らは強者だったんですよ。弱者に対する配慮ってものがなかった。だからその、崖っぷちでやってる人を見ると、ポンと背中を押しちゃうようなタイプだった。優しさってものがない、というか僕の方はあったと思うんですがね（笑）。「それは強者の論理だね」っていうことをずいぶん、彼にも言ったことを覚えてますね。

内田　うーん……

平川　ですから逆に、そういったことの影響があってか、弱者っていうかな、困っている人、困った人じゃないですよ（笑）、困っている人に対して、彼はものすごく……なんだろうな……「待ってあげられる」っていうのかな。かなり意識的にそうしようとしてきたんじゃないかな。

ただ、内田くんは……その、マッチョなんですよね、本来は。それがどうしてこんなに、ねぇ……

内田　自分語りでなんだけど、実はね、二十五の時に転機があったんだよ。君が言う通りで、僕はずっと多動でさ。とにかく元気が良くて、全部断言する、宣言するっていうタイプだった。

平川　しかも、右翼の乱闘服なんか着てさ。人を見れば回し蹴りやったり（笑）。そういうやつだったんですよ。

内田　でも、ある時、「これでは、ダメになる」と思ったの。「こんな生き方をしていたら、そのうち大変なことが起きる」って、ふと思ったのが二十五の時。それで、

「生き方を変えなきゃいけない」と思った。

ご存知の通り、命令・叱責・要求以外のことを口にしないというたいへんに威圧的な女性と結婚して自己陶冶というか自己矯正を始めたのと、多田宏先生に出会って合気道に入門したのが、同時で、ちょうど二十五歳だった。その時が僕にとっての転換期だったと思う。それまでの自分のやり方を一度全部捨てようと思ったんだよ。

とにかく、とりあえず、妻と師匠をメンターとして仰いで、どんな理不尽なことを言われても、全部受け入れようと思ったのね。もちろん、多田先生が言われることはまったく理不尽じゃないんだけどさ、奥さんがめちゃ理不尽な人だったからね（笑）。自分のそれまでの枠組みや成功体験を一回チャラにして、僕には理解できないけれど、「先方の言い分にも、主観的な合理性があるんじゃないか」というふうに考えるようにした。「違うよ」とはねつけるのを止めて、一回受け入れるというふうに、モードを変えたの。

それから、ちょっとずつ別人になってきたと思う。あと、やっぱり大きかったのは、学校の先生になったこと、それから武道家としての修業がある程度進んで、弟子を取って教えることになったこと。その立場になって、忍耐強く人の話を聴くということがだんだんできるようになった。本当にいるのよ、うまくものが言えない、質問しても答えられないとか、自分がしたいことを身体で表現できないとか……そういう子たちに出会うようになった。でも、そういう子たちの中に、ほんとにダイヤモンドの原石のようなものが潜んでいることがある。そういうことを、実際に何度も経験していったんだよね。目の前で、潜在していた才能が殻を破って、バリバリと開花していく瞬間っていうのに何度か立ち会うと、人間についてすごく楽観的になるよね。人を頭ごなしに、「お前は要するにナンタラカンタラなんだよ」とか決めつけたりすることが何だか虚しくなってさ。それよりは、その人の「いいところ」を探した方がいいじゃない。忍耐強くなったよ。待てるようになった。人間の持っている、何ていうのかな、可能性とか善良さとかというものに対する基本的な信頼がわいて、忍耐力でもってじっとそれを待つことができるようになった。

これは、教える立場になったことで身についたんだと思う。だから、君が知ってる小学校から仕事をやってた頃までの僕とは、三十代から後の僕は、ちょっと違っているんだよ。一緒だったのは、たしか二十八歳ぐらいまででしょう。

平川　一緒にやったのは本当に一年半ぐらいだよね。

内田　あと、小学校で一年半だから、正味三年ぐらい。

平川　そうね。あの時は、ほぼ何でも、僕が何を言っても、「平川がそう言うんだったら」って感じでね。会社の中には、反対する人がいたんですよ。「平川は汚い」とかね（笑）。汚いというか、だらしがないというか。

内田　「机の引き出しに靴下入れるな」とか（笑）。

平川　「会社にパジャマを持って来るな」とかね（笑）。

まあ、いろいろ言われたんですよ。言われたんだけど、「いや、平川がやってるんだから、それは正しい」みたいなことを彼が言ってくれて、うまくいったっていうのがあるんですね。あの時に、内田くんにはこういうところがあるんだって思いました。今の話をさっきの話と、うまくつなげなきゃいけないんだけどさ（笑）。

でも、関係ないわけではなくて、要するに、二者択一というのは、必ず政治的な言語になります。政治的な言語の綱領として、政治的な敵対者に対しては相手にとって最低の鞍部で超えるという言葉があるんですよ。つまり、相手の一番弱いところを攻撃します。政治党派が対立する候補に何かする時、必ず相手の一番弱いところを探し出して、そこを攻撃するじゃないですか。何かスキャンダルはないのかとね。

それを一八〇度改めるとどうなるんだっていうと、相手の一番良いところを見るということですよ。これはなかなか難しいことなんだけど、やってみると、意外と気持ちいい。気持ちいいし、物事がすごくうまくいくんですよ。何かそういうことを、やっぱり足元から少しずつ実践していく以外にないんじゃないかな。政治的な言語を超えるというのはね、そういうことなんじゃないかなと僕は思いますね。

国家を「マネジメント」したがる人たち

奈須　先ほど、民主主義はとても手間のかかるというか、時間がかかるものだというお話がありましたね。多くの利害関係者のあいだで、一つの最終的な結論を出すなり、合意形成にもっていくなりするには、やっぱり時間をかけなくてはいけないと思うんです。けれども、例えば日本人の九割がサラリーマンであるということを考えると、今いろいろなものが資本主義のシステムのなかで考えられるようになっていると感じます。本来、非効率で、資本主義のなかに入れてはいけない政治の課題までもが入り込んでしまっていると思います。投資の期間が短い方が投資家にとっては利益が高まるように、なんでもかんでも、早く早くと効率性が第一で、福祉であったり教育であったり医療であったり、効率を求めちゃいけないものまで、資本主義システムの価値の枠組みの中に入れようとしているように思います。やっぱり現場にいると、危機的に感じるんですよね。だけど、この危機感を意思決定の場にいらっしゃらないみなさんと、どうやったら共有できるのか。

政治のなかにいると、なかなか私もうまい言葉を使って伝えられないところがあります。今日、平川さんにも、みなさんにもお配りした、私の政治活動報告書を読んでいただくとわかると思いますが、とても面倒くさいことがいっぱい書いてあります。最終的には、「この税金の使い方がおかしいでしょ」とか、「この合意形成の仕方はおかしいでしょ」っていうその一言だけが言いたいんです。でも、そのためには、「実はこういうことがあって、こういうことがあって、こういうことがあったから、今はこんな理不尽なことが行われていますよ」と伝えるわけなんですが、その、現場にいる私のやり方がうまくいっていない状況と、社会が今求めている、スピード感をもって何かを決めていきたいっていう九割方の人たちとの間の、接点はどうやって求めていったらいいのかなと、いつも悩んでいます。

内田　だから、これはある意味で、時間意識の競争ですよね。ものすごい短期間で、速い呼吸で、早い変化の中で生きている人たち、時間の一個一個の単位がものすごく短い人たちと、もう少し大ぶりに時間をとる人たちがいる。例えば、今の株式会社の平均寿命ってすごく短いんですよ。時価総額世界上位千社は何年間で入れ替わるのかというと、五年で入れ替わる。一つの企業がそこそこの社会的影響力を用いる期間は、平均五年なんです。そもそも、株式会社は百年とか二百年とか生きることを想定していない。一番クレバーな経営者っていうのは、起業して一気に素晴らしい商品やシステムを開発して、どこかの会社に売って、巨富を手にする。起業してから会社を売るまで半年でした、みたいな人が一番賢い経営者なんです。株式会社にとって、別に、その組織が長く継続するとか、あるいは従業員が会社に忠誠心を持って一生懸命何かをやるとか、福利厚生施設で楽しく過ごすとか、そういうことはもう意味がないわけです。

でも、国民国家や自治体は違う。こういうものは持続することが目的だから。百年、二百年、三百年と存続すること。自然環境とか社会的なインフラとか制度資本とか、それこそ森とか海とか海洋とか大気とか土壌とか、何千年、何百年という期間にわたって先行世代から受け継いできたものを、どうやって無傷で、次の世代に伝えていくのか。これが第一の義務なわけです。存続することが義務であって、これを高値で売り払って、懐を肥やすというような話じゃない。

共同体の存在理由っていうのは、「存在し続けること」なんですよね。収益でも成長でもコストカットでもない。できるだけ手つかずに、傷つけずに、次の世代に送り出すこと。それが第一で、それがすべてなんです。

そうやって定常的につないでいくということが、政治も医療も教育も、あるいは文化の伝承とかも含めて、共同体の目的なわけなんだから、一応百年ぐらいですかね、とりあえず向こう百年ぐらいは、先行世代から受け継いだものをできるだけ多く残し、大きなダメージを与えない。できるだけ無傷で次世代に伝える。それが最優先すると思う。そのためにはどうしたらいいかを考える。そういう発想と、平均寿命五年という短時間のうちに株価を上げるとか、収益を上げるとかということだけを考えて、「あとは野となれ山となれ」っていうふうに考える人たちの発想とは、両立しがたいですよね。で、本来であれば、国民国家の政治や地方自治体の政治は、やっぱり百年ぐらいをベースにして論じなきゃいけない。

この時間意識っていうのは、いわばゾウとネズミみたいなものです。政治は本来、ゾウの時間でなければいけないんです。株式会社はネズミの時間。

それぞれが言っていることは、もっともというか、自分の生物としての実感からしたら、「そりゃ、あたりまえじゃないか」ってことなんですね。この、「あたりまえじゃないか」って思っている人に向って、違う時間の流れがあることを理解して欲しいというのは、きわめて困難なことなんですよ。

平川　まあ、株式会社も、本当は存続することを望んでいるんだと思うんだよね。かつての日本の会社は、やはり末永くっていう形をとっていましたよ。日本は百年企業が多いですからね。戦前からの企業もたくさんある。だけど、結局どこで変わったのかっていうと、株主主権論が出てきた頃からですね。

株主資本主義というものがデフォルトになってからです。こんなもの、デフォルトにする必要なんかなかったんだけどね。会社は株主のものだという論ですよ。これも、アメリカで学んだ経営学者とか、そういう人たちが日本に流布したわけです。

株主が会社の意思決定をするといっても、株主は会社が何をやっているかっていうことにまったく興味がない。要するに、自分が投資した金がなるべく短期間で、たくさん戻ってくることにしか興味がないわけです。ところが、この人たちが会社の意思決定をするというシステムを採用したわけですよ。

株主と経営を分離したことは、ある程度までは、経済が活発になっていく非常に重要な原動力になったんだけど、あるところから、もうこれはマイナスにしか作用していない。その最悪の状態になっているのが、今です。会社論の大家で、このあいだ内田くんと僕の両方が推薦文を書いた、奥村宏先生もおっしゃっていましたけど、とにかく、大会社は解体していかなきゃだめなんだと。「法人資本主義」という名前を彼がつけたんですが、結局そういう時代に入ってしまった。

例えば、日産という会社は、社長はカルロス・ゴーンというフランス人ですが、日本の会社だとみなさんは思っているかもしれません。オリックスも日本の会社だと思っているかもしれません。でも実際は、日産の株主の六割ぐらいはもう外国人です。オリックスだって、五割を超える株主が外国人。つまり、会社は彼らのものだということから言えば、日本の会社じゃない。

だから、日本の国民国家のことなんか考えませんよ。自分たちの会社の利益しか考えない。会社がどんどん大きくなると、ひいては国とか、国の政策を会社が乗っ取るような形になりますから、それこそ、株主の思うようにやられてしまうわけです。グローバリズムの一番の弊害ですよ。インターネットなんかで見かける「ネトウヨ」だとか、人種差別的なことを言っている連中、SNSで糞リプを返してくるような、どうでもいいようなことをいろいろと言ってくる連中がいるわけですが、そういうのは大した問題じゃない。

むしろ、金の亡者である株主資本主義者、つまりグローバリストですね、この人たちが政界やらいろんなところにいることが問題なんです。この人たちにとっては、戦争も金儲けの道具でしかないわけですよ。

つまり、永久に、継続して利益をもたらしてくれるような戦争のやり方っていうのを、実は学んでいったわけね。ずーっと演劇的な戦争をやっているわけです。ですから、そういった人たちに支配されている、今の「市場」っていうんですか、実はここを一番にあらためなくちゃいけないし、警戒しなくちゃいけない。特に、今の自民党政権に反対している民主党の中に、そういったものが深く食い込んでしまっている。俗にいう松下政経塾出身ですよ。松下政経塾の「政経」って、「政治経済」だと思ってたら違うんですね。「政治経営」なんです。経営ですよ。つまり株式会社の論理で政治をやろうとしている。マネジメントですからね。この人たちがいわゆる民主政治みたいなことをやろうとしている。松下幸之助もそんなことは考えてなかったと思うんですがね。

内田　二十一世紀に入ってからじゃないかな。国民国家を株式会社の経営に準拠して行うというのは。

実際に、ジョージ・W・ブッシュが、二〇〇〇年の大統領選挙の時に、「私が大統領になったら、株式会社のCEOが経営するように国を経営したい。私が理想とする経営者はエンロンのケネス・レイだ」と言った。後に史上最大の粉飾決算でエンロンを潰した人物を過《あやま》たず自分の理想の経営者だと言ったんだよ。でも、この人選は、図らずもブッシュの抱いていた統治者のイメージを伝えていたと思う。粉飾決算で市場を騙しても、従業員を見捨てても、自己資産だけは守り抜いた会社経営者にジョージ・W・ブッシュが強い親近感をもったというのは、ケミストリーにおいて通じるところがあったからでしょ。

アメリカの大統領が株式会社のCEOが統治者の理想だと言ったくらいだから、日本の政治家がそれに倣うのは当然でしょ。

「民営化」のツケは誰のもとに？

奈須　ただ、現実にはもう、民営化とか民間委託という形で、実際の行政サービスを株式会社が運営するようになっています。また、行政の評価を見ても、いわゆる会社経営的な視点、効率的であるかとか効果的であるかといった点から評価されています。本来はありえないことです。行政分野のほとんどは地域独占事業ですから、競争原理によって価格が下がったり、サービスが向上したりっていうことは、百歩譲って株式会社方式が良かったとしても、ありえないんです。それでも、いかにその行政分野を民間開放するか。これが今の行政の一番の目的になってしまっています。

平川　これは、手ごわいですよ。これからの日本では、例えば介護にしても、「介護ビジネス」ということを言い出す人が必ずいて、某ブラック企業のワタミさんなんかもそこに入っていくわけじゃないですか。

奈須　大田区ですね。

平川　大田区ですか。ここにも来ていらっしゃるかもしれないね（笑）。

でも、企業は儲からなければ手を引いちゃうわけです。たしかに企業の論理からいけば、「あそこにビジネスチャンスがあるからやろう」となる。しかし、やってみたら、思ったほど儲からない。皿うどんを作るようにして、老人介護はできませんからね。全然儲からないものなんですよ。

本来であれば、そういうのを制度としてきちっと作っていかなくてはいけないいんだけど、老人介護の問題、少子化の問題、子供の世話の問題、保育の問題、そうしたもの全部にこれからビジネスが入ってくるわけですよ。

奈須　水道にまで入ろうとしてますね。

平川　そうでしょ。これは、食いとめないとねぇ。

内田　アメリカにサンディ・スプリングスって市があって、お金持ちのそこの住民たちが、「自分たちが払う税金が貧乏人のための行政サービスに使われるのはアンフェアだ。払った税金は自分たちのためだけに使って欲しい」って主張したことがあったでしょ。

平川　あれ、ものすごいよね。

内田　それで、サンディ・スプリングス市はフルトン郡から独立した。そして、市の事業をほとんど民営化した。市の職員を九人に減らして、裁判所の判事もパートタイムにして、消防と警察だけに金をかけた。

それで、税金は減ったし、治安は良くなった。その代わり、富裕層が抜けてしまったフルトン郡は税収が激減して、図書館も病院も学校も運営できなくなって、街灯まで消さなくちゃならなくなった。

共同体というのは本来、強者も弱者も、富者も貧者も含めて、そこにいる人たちみんながそれなりの行政サービスを享受できるように制度設計されるべきものでしょ。でも、富裕層の人たちは行政サービスを商品だと思った。税金で行政サービスを買うことができる人間は買い、税金が払えない人間はサービスが受けられないのがあたりまえだと考える人たちが出てきた。

恐ろしいのは、サンディ・スプリングス市の成功を見て、アメリカでは、富裕層だけが集まって自治体を作るという動きが加速して、今、三十をこえる市が独立を画策しているんですよ。民営化の行き着く先はそこじゃないですか。

平川　今の話は実感としてよくわかる。アメリカで会社を作ったり、アメリカの金持ちに、「うちの会社にお金を出してくれませんか」って頼みに行ったり、十年ぐらいそういうことをやってたもんですから。でも、あの国はそういう国なんですよ。つまり、移民をたくさん受け入れたけど、同化政策に完全に失敗しているわけです。

例えば、いわゆる路上生活者って、日本だと公園でブルーシートみたいなものを使って生活していますよね。隅田川なんかがそうで、隣同士に張って、貧乏共同体を作っているわけなんだけれど、アメリカの場合は、一人が公園の片隅に作ると、次の人はいちばん反対側に作るんだそうです。なんていうかな……「他者」ですよね。あるいは「階級」って言ったらいいのかな。まったく交わらない。つまり、同じ空間を共有しているんだけれども、まったく価値観の違う人たちがそこにいると、これはもう、度し難いぐらいに人間と思ってないです。極端に言うとですけどね。

で、持てるものと持たざるものっていうのが、あれほどはっきりしている国はないですよ。日本は本当は、さっき言った路上生活者たちのように、共同体を作りながら助け合っていこうよっていうところがあった。それが、文化も何も違うのに、どうやらアメリカのまねをしようっていうところがありますね。日本もこのままいくと、そこにいってしまう可能性があるね。

内田　たぶん真っ先にやられるのは、学校教育と医療だと思う。アメリカはもう医療崩壊が起きているでしょ。教育に関しては、アメリカは基本的に公教育っていうものに対して、抵抗が強いんです。

世界で最初に公教育システムを導入したのはアメリカなんだけれども、導入に際して激しい反対があった。さっきの話と同じロジックで、なんで俺たちの払った税金を使って、貧乏人の教育をしなきゃいけないんだ。俺たちは努力して金を儲けた。自分の子供はいい学校に行かせたい。それなのに、努力もせず才能もないせいで貧乏な人間の子供たちに、なぜこちらが身銭を切ってまで教育のチャンスを与えなきゃいけないんだ。教育を受けて身に付ける知識や技術は自己利益でしょ。自己利益だったら受益者が負担すべきじゃないか。だから、教育を受けたかったら、働いて金を稼いで、それから学校へ行け。俺たちの税金を使うな、という人たちがいた。学校教育を商品だと考えると、このリバタリアン的な自己責任論のロジックは非常に論破しにくい。だから、今でもたぶん、アメリカにはそう思っている人はたくさんいると思う。

医療も同じです。保険制度を導入していますけれども、内実はひどい。保険医療が受けられるところでは、日本だと、都市であれ地方であれ、公立であれ私立であれ、どの病院でも、一定の水準の医療が受けられる。でも、アメリカでは、保険が使えるような病院には、最低レベルの医師と最低レベルの医療機器しかない。そこに貧乏な人たちが集まってくる。お金のある人は私立病院に行く。高額の医療費を払う代わりに、質の高い医療が提供される。医療を商品だと考えれば、当然そうなる。金のない奴は貧しい医療サービスしか買えない。金のある人間は青天井で質の高い医療が受けられる。それがフェアネスだと思っている人たちがアメリカの指導層を形成しているから、そういうことになる。

でも、学校教育とか医療っていうのは、商品の売り買いじゃない。共同体の存続のための制度でしょ。考えればわかりそうなものだけど、もしアメリカが、十九世紀の時点で、学校教育への税金の支出に反対して、公教育をやらなかったら、どうなっていたか。お金のある家の子供だけが学校に行けて、貧乏人は教育が受けられないという仕組みを採用していたら、今ごろ、アメリカは後進国ですよ。今のアメリカがあるのは、結局は公教育のおかげなんですよ。でも、そういう五十年、百年というスパンで共同体の存続と繁栄を考える人がもういない。

教育とか医療を市場に委ねてしまうのは、短期的には合理的に見えるかもしれないけれども、長期的には集団を衰えさせる。アメリカは、どこかで「選択と集中」を止めないと、国運が傾くと思います。

奈須　今、日本は、より「選択と集中」ですね。

内田　だから馬鹿なんです。植民地だから、何も考えないで、宗主国のまねをする。

奈須　しかも、最初は国が「選択と集中」と、たぶん一九九〇年代ぐらいから言い始めたんですが、今は地方自治体が「選択と集中」という言葉を頻繁に使うようになっています。二〇〇〇年ぐらいから、「地方分権」と盛んに言われましたが、「じゃあ、結局、地方分権って何だったのか」という話になりますと、結果として何が起こったかというと、子育てであったり、介護であったり、教育であったりといった、いわゆる社会保障の責任の主体が、国から、市区町村といった基礎的自治体に移っていったんです。現象面でいいますと、これが地方分権の結果として起きたことで、つまりどういうことかというと、市や区が子育てや介護の供給量や財源について責任を持たなければならなくなったということです。

財政的に言うと、国からの分配が手厚くなり、しかも、消費税率引き上げ、住民税の一律一〇%の定率化と、税負担としては増えているんです。それなのに、箱物であったり開発であったりイベントであったりと、別のところにより無駄に使うようになっているので、社会保障への分配が少なくなってきているのが現状なんですね。

先ほど内田さんがおっしゃっていた、サンディ・スプリングス市のお金持ちのように、自分たちの税金を貧しい人たちに使うのは無駄だからと、自分たちで地域から独立するというようなことを実行すると、アメリカの場合には、税金が下がりますよね。効率的な経営ができているっていうような場合にも、同じように、税金は下がると思うんですけれども、日本の場合は、民営化や民間委託を進めてきても、私たちの税金は下がっていないんですよ。逆に、税金は上がり、しかも福祉は薄くなっていく。民営化ということで、自分の社会保障を自分のポケットマネーで、自己責任で負担しなければならなくなっている。ですから日本では、実は、言われていることと実際に起きている現象が大きく違っちゃっているわけです。「民営化は効率的で、経済的に優れた政治システムである」というフィクションが、なぜいまだに多くの人たちに信じられているのか、すごく不思議なんですけれども……

平川　それについては、僕は本に書いたことがあるんですけど、要するに、民営化は、「利益を最大化する」っていうことですよね。利益を最大化するというのは、会社にとっては唯一の目的なんですよ。

われわれ個人個人にとっても、それは目的なんですね。自己利益を最大化するということが。しかし、それは会社にとっては唯一の目的なんだけれど、われわれにとってはいくつかある目的の中の一つでしかないわけですよ。

自己利益を最大化することは、いくつかある目的のうちの一つでしかないのに、いつの間にか、それが目的のすべてなんだって、われわれは思うようになった。これは、企業にそういうふうに洗脳されるっていうことなんです。でも、そんなものがなくたって、ほかに目的というのはいくらでもある、その目的の多様さといったものをもうちょっと発見できていれば、おそらく生き方は変わっていくんだろうと思う。事実、もう若い人たちが、自己利益の最大化といったことにあまり魅力を感じていないから、いろいろと動き始めているということがあるわけです。

ところが自治体には、また別のいろんな問題がある。僕はもう二度と自治体とは仕事をしたくないと思ってます（笑）。以前、千代田区と一緒にやってたんですがね。

自治体の問題は、「自分が責任を持つ」という人が出てこないことですよ。責任は常に誰かに移譲するというんですかね。だから、何もできない。意思決定だなんだっていう以前に、それについては「自分がリスクをとります」、「俺が責任を持ちます」

っていう人が、中から出てこない限り、なかなか難しいと思うんです。「俺が責任を持ちます」って言った瞬間に、たぶんパージされちゃう可能性があるんでしょうね。されちゃう可能性があるんだけど、そういう人たちが次から次へと討ち死にしていくようなことがない限り、今の自治体はなかなか変わらないですね。

それから、さっき言ったように、政治的な言語の場合も、政治家は選挙を勝ち上がってきていますから、そういうのが生業になっているっていうか、骨がらみになっていますから、いわゆる融和的というか、自分の敵対者も含めて代表していくという発想にはなかなかなりにくい。

なおかつ、今みたいに上から圧力がある、いや、圧力があるんじゃないかと忖度して、たとえば日野市が、封筒にあった「憲法を守ろう」の印字をわざわざマジックで消していた。「馬鹿か！」と言うしかないですよ、本当に。

僕が今、お世話になってる立教大学でも、「学者の会」のシンポジウムをやろうとしたら、これは総長まで届いたのかどうかわからないけど、総長室長のレベルで、「どうもこれは政治的である」とのことで、実現しなかった。まあ、はっきりとそうは言ってないんだけどね。けど、そういうことですよ。

それから、いわゆる「九条の会」が主催する集会には自治体が非協力的で、開催を断ったりする。だけど本当は、自治体の職員は九条を守る義務があるんです。それを宣誓しているわけですから。

つまり、誰かが言っていましたが、立法というある種の制度主義が崩れて、全部、自治主義になって、「お上」が復活して、「お上がこう言ってるんだからしょうがない」みたいな時代になっちゃったら……もう、なんていったらいいんだろうか。本来、政治家というのは憲法を守っていく義務を負っているわけです。それを宣誓して政治家になっているからね。そのトップがそれを踏みにじっちゃったら、勝手に解釈を変えたりなんかし始めちゃったら、どうしようもない状態になる。国が戦争するのどうのっていう前に、「もういいんだ」「やっちゃったもの勝ちなんだ」っていうことになる。どなたかタレントさんが同じようなことをいってましたね。ですから、一種の倫理崩壊が起きつつあると思います。倫理とか道徳とか、そういうものが崩壊してきている。これの方が、実は恐ろしいことじゃないかなって感じがします。

奈須　私が二〇〇三年に初めて大田区で当選した時、一般会計の予算は一八〇〇億円だったんです。今年、二〇一五年の予算は二五〇〇億円でした。七〇〇億円も増えています。でも、民営化も民間委託もしてきたわけで、そういうことを考えあわせると、実際いくら経費削減できたんだろうかと思います。新たな事業に振り分けられる税収というのはかなり増えているはずなのに、地域で暮らしていて、十分なサービスを受けられているっていう実感が一向に持てないわけです。

しかも、自治体でも財政の粉飾に近いことが始まっています。今までだったら歳入に計上していたものを、歳入に計上しなくてもいいようなルールが作られてきています。例えば、民間に委託して、利用料金制を採用すると、その一部分は民間自身の収入としてカウントして、大田区の収入にはしないでいいっていうルールが作られているわけです。

例えば、今、私たちが話をしている、この大田区民プラザをある事業者に運営させるとします。この施設の利用料は、今は大田区の収入になるんですが、ある株式会社が運営することになると、株式会社が自分の会社の収入にしていいというルールにかわる。そうすると、大田区の会計には計上されなくなるわけです。こういうものを細かく積み上げていくと、実は何十億にもなります。全国的に見ても、こうしたケースがすごく増えているんです。

何が言いたいかというと、実際に私たちが税金として払っているもの、税金としてカウントされているもの以上に、公共的なものに私たちはお金をどんどん支払わなければならなくなってきているということです。ですから、スウェーデンの国民負担率がどうのとか言いますけれども、ああいう数字では見えない部分で、日本はかなり大きく負担する国になってしまっているんじゃないかと思います。「日本は中負担中福祉を目指すべきだ」といった論調にふれますと、本当に政治・政策というものが届きにくいなと、どうしたらいいのかと、悩みます。

「ああすればこうなる」ではない世の中

奈須　ここ大田区は、先ほどお二人も話されましたが、戦前は軍需産業が多摩川沿いにあり、その下請で町工場が栄えてもいました。産業としての戦争というお話がありましたけれども、こうしたこともあり、今でも武器が売れれば儲かる土壌があるわけです。ですから、私たちが毎日暮らしているなかでは、表面上は見えないけれども、それぞれの町のできかたというか、歴史的な経緯というものがあり、そのなかでひとの暮らしや政治が動いているんだなということをとても強く感じます。平川さんも、いろいろ街を歩いてらして、本にも書いていらっしゃいますが、大田区はどんなところだととらえていらっしゃいますか。

平川　僕の親父も、この大田区で工場をやってました。朝鮮戦争の時の特需、あそこで事業が波に乗ったのかな。

戦後、大田区には九〇〇〇ぐらいの一人親方の町工場ができて、この数はもう、断トツなんですよ。二番目は墨田とか江東とかあのへんなんですが、六〇〇〇ぐらい。その九〇〇〇あったものが、今ではさすがに、もう半分ぐらいになっているだろうと思いますけどね。

この大田区の町工場は、今、相当きついですよ。東糀谷、それから大森南といったところにたくさんありますが、生活が相当にきついだろうと思います。だけど、「戦争特需があればまた儲かるかもしれない」っていうのは、幻想なんですね。発注は日本に来ない。要するに、三菱重工のような大きな会社は注文が取れるかもしれないけど、下請けには回ってこない。中国やベトナムといった、人件費の安いところに外注するみたいなことが起きるわけです。

かつてはアメリカから受注していたのに、アメリカとまた戦争するみたいな、皮肉なことが起きないとは限らない。今度の戦争法案だって、中国包囲網というか、中国脅威論みたいなものを中心に組み立てられていたんだけど、実際に可決されて最初に行われたのは、南スーダンで日本が中国軍と一緒に動くというような話でした。

結局、なんていうんだろうな、日本の今の政治家たちが「ああすればこうなる」と思っているようにはならないってことですよ。ほとんどのことがそうなんです。今の教育のシステムにしても、元プロレスラーが大臣になってますからね。文科省から出てくる政策も、「こうすればきっとこうなるだろう」っていう、あらかじめアウトプットが見えるように考えられているんですが、絶対そうはならないんですよ。「ああすればこうならないよ」っていうことを、やっぱり、メディアももうちょっとちゃんと伝えるべきです。

株式会社の論理の一番いけないところは、目的指向で、必ず、「ああすればこうなる」なんですよ。まずは目的をしっかりさせる。そして、目的まで最短距離で行こうとする。たしかに目的があって、最短距離、最小コストで行こうと決めるから、だいたい、「ああすればこうなる」ことが分かる。しかしながら実際は、世の中というものは、「ああすればこうならない」んですよ。例えば、こういう子に育てたいと思って教育しても、とんでもなく悪い子になってしまったり、あるいは逆に、親がなくても子は育つじゃないけど、いい子になったりする。そういうふうに、一言で言えば、不確実性のなかでわれわれは生きているわけで、だからそこを生き抜いていくためにはどういうふうにしたらいいのかっていうことを、もう一回みんなで考えていくことですね。「ああすればこうなる」っていうふうなことに関しては、全部、眉にツバをつけて、一回疑ってみるということが必要でしょうね。

内田　「選択と集中」というのも、もういい加減にして欲しいね。

平川　僕はもう、それ、誰も言ってないと思ってたんだよ。

内田　歴史的に、どこで成功したのかな。フリードマンが言い出してから、世界中でやってるわけじゃない、「選択と集中」って。でも、どこで成功したの？　成功事例はある？

平川　狭い部分ではあるんじゃないの。

奈須　私が思うに、大田区の予算書で「選択と集中」という言葉が使われているのは、「優先順位」という言葉を使えない場面です。

限りある予算のなかで、本来だったら優先順位を定めて、お金を使っていかなくちゃいけない。でも、今の自治体は、本来なら投じなければいけない事業にお金を投じないで別のものに使う場合、「選択と集中」という言葉でごまかしているように見えます。

平川　まあ、優先順位っていうのはあるでしょうけどね。

でも、そういうビジネス用語で行政だとかそういうものを語り始めると、もう、大体ダメですね。効率主義一辺倒になってしまいますから。全然別物なわけです。

かつて、ソースティン・ヴェブレンさんとか、日本だと宇沢弘文さんとかがとなえた、「制度資本」とか「社会共通資本」といった、みんなの共有物、みんなの共通の資本みたいなものは、会社経営みたいなやり方ではダメなんですね。そもそも、利益を出すことが目的じゃないですから。

だから、そういったものをどうやって作っていくんだっていうことです。ヨーロッパを歩いていてつくづく感じるのは、そういう共通の資本、公園にしても図書館にしても、そういう社会資本がものすごく分厚いんですよ。

そのために、個人個人はとっても質素な生活をしているんだけど、豊かさを感じることができる。それは社会資本の充実によるんだろうと思いますね。アメリカはやっぱり、そういう意味ではペラペラの国ですよ。持てる個人はたくさん持っているけど、社会資本という点では本当に貧弱だなって感じる。日本もどんどんそちら側に近づいている。喫茶店っていうのも、僕は社会資本の一つだと思ってやっているんだけど、そういう場所もどんどんなくなってるでしょ？　儲かるもんじゃないんで、ああいうのは。ちゃんとみなさんが寄付をしながら（笑）、運営していくっていうものでね。

奈須　昔ながらの喫茶店ってなかなかないですよね。

先ほどの話に戻りますが、自治体にとっての優先順位は何かというと、例えば、保育園とか特別養護老人ホームとか障害者政策といった、基本的人権にかかわる部分が最優先のはずなんです。しかし、今は保育園も足りなければ、特別養護老人ホームも足りません。高齢者福祉について言えば、予防介護の部分は地域のボランティアでということにして、要介護支援を地域のボランティアに丸投げするような状況にまでなってきています。にもかかわらず、そこには税金をきちんと投じないで、他のものに税金を使い続けている。一番必要な社会保障サービスは、基礎的自治体では、特に都市部で足りなくなっている状況です。ですから、そこに使ってほしいなと思いますが、いつまでたってもそちらに財源がまわらないという状況がありますね。

空元気よりも、養生第一

平川　そろそろ締めのお言葉を用意してるんですよ（笑）。あのね、確かに暗いでしょう。

内田　暗いねぇ。

平川　でも、僕の大好きな太宰治が、人の世は暗いうちは滅びません、明るさが滅びの姿だと言ってます。いいんですよ、暗くて（笑）。むしろ、今、やたらと言われていますよね、自治体でも、「元気に」とか、それこそ「総活躍」とか。でも、どうしてそんなに無理して元気になったり活躍したりしなきゃいけないのかな。

内田　体力通りでいいじゃない。しょんぼりしてれば（笑）。

平川　そう。大事なんですよ。孤独になったり暗くなったり、そういうところからしか、本当にクリエイティヴなものって生まれてこない。バブルの時だけだよ、明るくぱっぱ、ぱっぱ、やっていたのは。

内田　明るかったかな？

平川　やけっぱちだね。今、言われている「明るさ」といい、「元気」といい、わかるけど、やけっぱちみたいなもんでしょ。まあ、暗いけれども、大丈夫だと。「暗いうちは大丈夫だ」と（笑）。

内田　暗さって、身体実感があるじゃない。でも、元気っていうのは、いつの頃からか、「元気をもらった」とか、「元気をありがとう」とか、モノ化したじゃない。「元気をもらった」って、変でしょ。それはもう身体実感と乖離している。貨幣や商品のようなものとして、「元気」が行き来する。

平川　ラブ注入とかですね（笑）。

内田　そういう言葉が、人間の身体実感から乖離して、モノとして市場を浮遊している。

「一億総活躍」なんて、まさにそうだよ。「活躍」っていうものが何か単品で存在していて、仕掛けを変えると、増えたり減ったりするとみんな考えているのかな。そういう事例から分かるように、今の日本に欠けてるのは身体だと思う。身体がないんだよ。生身をベースにして、どういうふうに生きるか、考えるべきなんだよ。今はちょっと病み衰えて、しょんぼりしている。だから、その身の丈にあったことをすればいい。風邪をひいた時は風邪薬を飲んじゃいけないっていうじゃない？　風邪をひいた時は、しっかり風邪をひく。しっかり風邪をひいて、自分の体の中の免疫とかで調整する。身体が「休め」って言っているんだからさ。風邪をひいた時に風邪薬飲んで、必死になって出勤するのは間違っているんだよ（笑）。家で寝てりゃいいんだから。寝てれば、きれいに体がリセットされて治る。

平川　風邪の効用だよね。

内田　今、日本は風邪をひいているんだよ。「総活躍」って言わないといけないくらいにみんな活躍してないし、元気もないわけでしょう。風邪と一緒だよ。しっかり病んで、しっかり養生すればいいわけであって、何か特効薬があると思っちゃいけない。何か注射を打つみたいに、「第三の矢」とか言ってるけど、あれは絶対に「注射」のイメージだと思うよ。「もうワンショット打ってくれ」だよ。三発くらい打てば元気になるって、あれ、絶対ヘロインとかコカインをふだんやってる奴が考えたんだと思うよ（笑）。「お兄さん、一発打つと元気になる薬あるよ」って。「三本の矢」って言葉を考えた本人は無意識的だったかもしれないけど、周りの連中が「それ、いいね。なんか、効きそうで」なんて言っただろう時にイメージしてたのは、それだよ。ああいうどうでもいい言葉の端々ににじんでくるんだよ、無意識的な世界観が。「元気をもらう」とか、「総活躍」とか、「三発打って元気になる」とか。あれは、身体が休みたがっている時に、薬物打ってなんとかしようという人間の発想が浸み出していると思う。病んでいる時は、しっかり病もうよ。元気がない時は、元気がなくていいじゃない、じっくり養生すれば。養生の道を考える。今の日本は、あんまりバタバタしちゃいけない時期だと思うよ。

腰を据えて、縁側で渋茶か何か飲みながら、「これからどうなっていくんだろうねー」ぐらいの感じでね。ほら、『秋刀魚の味』のラストシーンで、笠智衆が「守るも攻めるも黒鉄の、か」って歌うじゃない、「か」に万感を込めて。あれでいいんじゃないかな。

平川　ぜんせんまとまってない（笑）。

奈須　お二人とも、どうもありがとうございました！

第三部　あらためて民主主義を語るために

内田樹・平川克美・奈須りえ

民主主義とお国柄

内田樹

大田区議の奈須りえさんを僕に紹介してくれたのは元大阪市長の平松邦夫さんです。大阪都構想をめぐる住民投票のときに、奈須さんが大阪まで来て、都構想反対の市民運動に協力してくださったことがありました。その元気ぶりに感心した平松さんが僕に、「奈須さんゆうごっつ元気な女の人が内田せんせに地元まで来て講演して欲しい言うてますのや。ええ人やから、話きいたって」と伝えて（ちょっと大阪弁文字起こし不正確かも知れませんけど）、他ならぬ平松さんからのご依頼でしたので、（講演はあまり好きじゃないんですけど）お引き受けすることになりました。平川くんも一緒に出るというし、何より講演会場が下丸子ということも引き受けた大きな理由でした。

下丸子は僕の生まれた町です。昔は目蒲線（もうその名前もなくなりました）という目黒と蒲田を結ぶローカル線があって、下丸子は蒲田から算えて三つ目の小さな駅です。そこに十七歳まで暮らしました。両親はその前は池上線の旗の台に住んでいて、臨月の母は乳呑み児だった兄を抱いて、下丸子まで大八車を馬に曳かせてとことこ引っ越したそうです。馬車で引っ越しって、いったいいつの時代の話かと思いますけれど、僕が生まれたときです。ほんの六十五年前のことです。ほんのじゃないですね、六十五年と言ったら、もう大昔でした。

その頃の下丸子は、あちこちに焼け残った建物の間に草っぱらがありました。そこが子どもたちの遊び場になっていました。ただ、草っぱらと言っても工場や住宅の焼け跡ですから、コンクリートの基礎や焼けて折れ曲がった鉄筋や砕けたガラスの破片が散乱しています。その廃墟を活きのいい雑草が覆い尽くし、色鮮やかな花が咲いている。そういう、なんというか、「愚かな人間たちが戦争で滅ぼし合ったあと、無人となった地球を豊かな自然が覆い尽くしたのでした」というようなナレーションが入りそうな風景でした。

それが僕の原風景です。生まれて最初に見た風景です。人間は愚かで、脆く、自然は強い。その風景はそういうメッセージで満たされていたように思います。そのことがその後の僕のものの考え方や感受性に何らかの影響を与えたのではないかと思います。

そのふるさとである下丸子で、改めて民主主義の意味について問うという講演を行いました。言いたいことは講演の中で言い尽くしたので、以下にちょっとだけ、いま思いついたことを書きとめておきます。

僕の記憶する限り、「民主主義」という言葉がこれほど頻繁に言及されるようになったのはごく最近になってからのことです。

その前に「民主主義」という言葉がよく口にされたのは一九五〇年代のことでした。僕が小学生だった頃です。その当時の日本では、実に多くの場面で「民主主義」という言葉が口にされました。ただし、それは主に人や制度を批判するときでした。「……は民主的でない」という否定形でこの語は用いられたのです。「鶴の一声」というか、「ゼウスの雷撃」というか、その言葉が出たら話はそこで打ち切り（言われた人は黙り込むしかない）という決定的な一言でした（具体的な使用例を知りたい方は『青い山脈』をご参照ください)。

僕自身はそのような言葉を使った記憶はありません(使い方がわからなかったのです)。でも、まわりの大人たちは、「民主的でない」という切り札ワードを議論の決着をつけるためにしばしば使っていました。

戦前の日本では、誰かが「畏れ多くも天皇陛下におかれては」と言うと、全員が立ち上がって踵を打ち合わせて謹聴せねばならない……という風儀がありましたが、あれはそれをまねたのではないかという気がします。「民主主義」は一九五〇年代における新たな「畏れ多い」原理だったのです。たぶん。

ですから、僕は戦後民主主義で産湯を使った世代であるにもかかわらず、自分では「民主主義」という言葉をあまり使った覚えがありません。耳にしただけで、自分では使わなかった。使い方がわからなかったからです。どうして「民主的でない」が議論において相手を一言で黙らせることのできる切れ味のよいウェポンになりうるのか、その理由がわからなかったのです。

僕たちの世代においてさえ民主主義が「何だかよくわからない」ものであった。ということは、民主主義は戦後日本社会においてしっかり「着床」することができなかったということだと思います。

たしかに、その言葉を大義名分として掲げると人を黙らせることができる。その政治的効能だけは広く知られていました。けれども、なぜそれが「畏れ多い」ものであるのか、その理由は誰も教えてくれなかった。「民主主義」の旗を振っている当の本人もそれを教えてくれなかった。きっとその人たちは、少し前までは「八紘一宇」や「皇運無窮」の旗を意味もわからずに振っていたのと同じ人たちだったのでしょう。

「なぜ民主主義の原理は尊重するに値するのか」という問いに、日本人はわが身を削る思いで対峙したことがない。過去に一度もなかった。しかたがないです。だって、ある日「天上」から、「制度を民主化しないと厳罰に処す」という命令が下ってきて、そうせざるを得なかったわけですから。なぜ民主主義がそれほど「よいもの」であるのか、それを考える暇がなかった。それについて考える義務もなかったし、考える権利もなかった。

だから、「民主主義」は日本においては久しく一種の「ブラックボックス」でした。どうしてそれが「よいもの」なのか、わからない。どうして、人々がそれをありがたがるのかはわからない。でも、実効的に機能している。「これが民主的だ」というと提案が通るし、「お前は民主的でない」というと相手を黙らせることができる。使い方はわかった。だったら、別にいいじゃないか、むずかしいことは言わずに、使えるものなら便利に使えば……そうやって戦後七十年が経った。そして、ある日、どうも民主主義が「やばい」ことになっているらしいという話が出て来た。このままでは日本の民主主義は形骸化・空洞化してしまうと言う人が出て来た。

　民主主義に何か重大なことが起きているらしいことまではわかる。でも、あまりに長いこと民主主義について考えてこなかったので、何がどう「やばい」のかがわからない。

　そもそも民主主義って何だかわからない。どうして、民主主義がたいせつなのかも、改めて問われるとそれさえ答えられない。それが現代日本における民主主義の実相だと思います。

　民主主義というのはただの「容れ物」です。ただのツールです。ただのソフトです。それに何を実装するのかによってありようはまったく変わってしまう。そういうものなんです。でも、そのような理解さえ共有されていません。

　アメリカにはアメリカのデモクラシー、アメリカだけの民主主義があります。アレクシス・ド・トクヴィルが『アメリカの民主制』という歴史的名著を書いているので、それを読むとわかります。この本が書かれたのは一八三五年です。書いたトクヴィルは王政復古期のフランスで育った青年貴族です。彼は民主制などという政体をそれまで見たことがなかった。この時期だと、世界中どこを探しても、民主制の国などアメリカの他にはありません。そのアメリカ（といってもその時点でのフロンティアはミシシッピ河ですから、そこから東側だけ）を広く見聞して、ワシントンではアンドリュー・ジャクソン大統領にも会見をして、「なるほどアメリカの民主制とはこういうものか」と得心して、それを本に著しました。

アメリカの民主制にはさまざまな特徴はあるけれど、その最大のアドバンテージを挙げるなら、それは次のような点である。選挙民はしばしば統治者の選択を誤る（無能な人や徳性に欠けた人を大統領や州知事に選んでしまう）。だから、それを勘定に入れて、愚鈍で邪悪な統治者がもたらすリスクを最小化するように制度設計されている。

トクヴィルの炯眼恐るべし。アメリカの民主制の最大の特徴は、「賢明で有徳な統治者が効率的に統治を行えるようにシステムを作った」のではなく、「愚鈍で邪悪な統治者が簡単に国を滅ぼすことができないようにシステムを作った」点にあるのだとトクヴィルは看破しました。こんなシニカルなコンセプトで民主制を制度設計した国はアメリカの他にはありません。そして、アメリカが今日の隆盛を迎えることができたのは、この冷静なリアリズムのおかげだと僕は思います。

考えてみればわかります。「賢明で有徳な統治者（と自称した政治家）」が効率的に統治できるように気前よく全権を委ねた国の実例であれば、僕たちはいくらでも挙げることができます。ヒトラーのドイツ、ペタンのフランス、ムッソリーニのイタリア、東条英機の大日本帝国、スターリンのソ連、毛沢東の中国、ポルポトのカンボジア……このリストはいくらでも長くできます。それらの国々がその後どういう運命をたどったか、僕たちはよく知っています。その中にあって、例外的にアメリカの民主主義だけは生き延びた。それは、（たぶんそういうことが頻繁に起こるはずなので）愚鈍な人間が大統領になっても、邪悪な人間が大統領になっても、簡単には国を滅ぼせないような仕組みを作っておく、というクールなリアリズムがベースにあったからです。僕はアメリカについては批判的な点も多々あるのですが、このリアリズムについてだけは脱帽します。

でも、アメリカが選んだこの統治システムは民主主義そのものではありません。民主主義的政体がとりうるさまざまな統治形態のうちの一つです。

ヒトラーの独裁制も、ワイマール共和国における民主的な手続きを経て全権委譲されたことで始まりました。そうである以上、ナチス・ドイツもある種の民主政体と呼ばねばならない。ペタン元帥のヴィシー政府もそうです。第三共和政議会は圧倒的多数でペタンに憲法制定権を委ねました。ヴィシー政府は民主的な手続きで基礎づけられた。ムッソリーニのファシスト政権もそうです。別に革命で政権を奪取したわけじゃない。ファシストが一党支配できるように法律で選挙制度をねじまげましたけれど、ファシストがどんな法律でも通せるほどの議席をファシストに与えたのはイタリアの有権者たちです。

民主主義もいろいろ、ということです。国の数だけ民主主義がある。成功した民主主義もあり、失敗した民主主義もある。

ざっと見渡すと、イギリス、カナダ、オーストラリア、ニュージーランド……といったアングロ＝サクソン系の国々の民主主義は比較的うまくいっているように見えます。これらの国々の共通点はたぶん「経験主義」ということでしょう。原理主義的にならないようにしている。イギリスは伝統的に経験主義の国です。「一気に社会正義を実現する」というタイプの制度改革を好まない。ちょっとずつしか制度をいじらない。「政治的に絶対正しい解」というものを認めない。だから、ファナティックな政治運動が起こりにくい。それが旧英連邦の国々で民主制が比較的うまくいっている理由ではないかと僕は思います。

あと比較的うまくいっているのは小国です。北欧やスイスやオランダやベルギーやアイスランドあたりは、まあまあうまく民主制を回しているように見えます。これは逆の意味での「スケール・メリット」です。サイズが小さいせいで小回りが利く。比較的簡単に制度の補正ができる。クールで計量的な「さじ加減」ができる。政治家を間近に見て、人物を鑑定することができる。税金の使い方一つにしても、自分の払った税金がどこでどういうふうに使われているか視認できる。小さい国は統治上のメリットが多い。老子が「小国寡民」を統治の理想としたのもわかります。

巨大な国の場合（例えば人口十四億の中国のような国の場合）はそんな「小技」は使えません。国民的統合を果すためにはどうしてもシンプルでファナティックな「ストーリー」が必要になる。細かい合意形成とか妥協とかネゴとか、ちまちまやっていてはこんな巨大な帝国をコントロールすることなんかできません。わかりやすくてスケールの大きな物語を「どおん」と提示して、国民を熱狂させるしかない。だから、必然的に原理主義的になる。ならざるを得ない。

国情によって、それぞれの国のサイズによって、宗教によって、コスモロジーによって、どういうタイプの民主制を走らせるのかが違ってきます。考えてみればあたりまえのことですけれど、これまでの日本ではそういうタイプの議論を誰もしてこなかった。

日本では、「民主主義」というのは「お題目」でした。ある種の政策や思想が「民主主義的であるか／ないか」という区別についてはうるさく議論されましたが、「そもそも日本の民主主義はいかなるものであるべきか？　どういうかたちのローカルな民主主義政体が日本の国情に合うのか？」というようなプラグマティックな議論を僕は聴いた覚えがありません。

例えば、日本の場合は天皇制という固有の制度が政治過程に深く食い込んでいます。これを民主制とどう折り合わせるのか。さらに、戦後日本はアメリカの属国という地位にあって、安全保障でも外交でもエネルギーでも食糧でも医療でも教育でも、およそ国家戦略の基本となる政策は、「宗主国」アメリカの許諾なしに何一つ自己決定することができません。この属国というポジションを民主制とどう折り合わせるのか。「天皇制という固有の制度を持つ、アメリカの属国であるところの国の民主制はどうあるべきか」というのが僕たちに課されている「問題」です。でも、日本人は久しくこの問いを忌避して、対峙してこなかった。だから、日本の民主主義が危機的なことになったのです。

日本の民主主義はいま危機的な状況にあります。でも、そのおかげで戦後七十年経ってようやく、「日本の民主主義って何だろう?」というラディカルな問いが前景化してきました。これを奇貨として、市民ひとりひとりが民主主義についての個人的省察を深めてくれることを期待したいと思います。

民主主義について語るために、ぼくたちは、生まれた町に帰ってきた。

平川克美

発端

二〇一五年十一月十日。旧目蒲線の下丸子駅前のホールで、内田樹の講演が行われた。その講演を企画したのは、大田区の区議会議員の奈須りえさんである。奈須さんは民主主義の危機を訴えて、公正、公平な社会を作るために、日頃より活躍されているひとで、大田区ではつとに名の知れた活動家である。その彼女が、ある日、ぼくのやっている隣町珈琲という喫茶店を訪ねてきた。そして、近々内田樹の講演会をやるので、協力してほしいという打診があった。ぼくは、内田くんが下丸子に来るのなら、ぼくも飛び入りで参加したいとお答えした。

そして、講演会＋パネルディスカッションという形式が決まった。下丸子というのは、講演で内田くんも述べているが、かれが生まれて育った町である。そして、小学校五年生のときに、同級生となったぼくも、その下丸子駅から数分のところに実家があり、高校生になってからは、この駅から電車に乗って武蔵小山まで通学していた。ぼくは、このイベントがくるのが待ち遠しかった。なんといっても、下丸子は、ぼくたちふたりが生まれて育った町であり、お互いの家を行き来するときに何度も歩いた町でもある。

会場に入って驚いたのは、空席がまったくないほど、ぎっしり埋まった会場の熱気と、お客さんの中に見知った顔がたくさんあったことである。だれにとっても、地元というのは、あたたかい風と優しい顔に出会えるところなのだろう。そして、だれもが、地元に暮らしていたときには、気づかずにやりすごし、ときには鬱陶しく思ったりするものなのかもしれない。

そんな気やすい空気に触れたものだから、ディスカッションでも、肩の力が抜けて、思わぬところに話が脱線したり、ブレーキが壊れたみたいに言いたいことを言い合ったりすることになった。もし、このパネルディスカッションが、普段ぼくたちがしているのとは違った雰囲気に包まれたものになっていたとすれば、その大部分は下丸子という「場」の力によるのだろうと思う。「場」の力というのは、本当に馬鹿にできない。ぼくたちは、奈須りえさんも含めて、まるで小学校のときのクラス会に戻ったような気分で、お互いの意見を交換することができた。

最初の東京オリンピック

ふたりで、下丸子の駅に降り立ったとき、ぼくたちの頭のなかは小学校六年生の少年になっていたのかもしれない。目にした駅前の景色は、当時とはすこし変っていたけれど、雰囲気は当時のまま残っていた。ぼくたちが小学校六年生のときは、まだ東京でオリンピックは開催されていなかった。ぼくたちは十二歳で、オリンピックはその二年後に開催され、町も国も大きくその様相を変化させていったのである。オリンピック以前と、オリンピック以後を生きてきたぼくたちは、文明の進展というものがぼくたちに何をもたらし、何を失うのかに関して、若いひとたちとは少しばかり違う感覚を持っている。

一九六四年の東京オリンピックのとき、ぼくたちは中学生だった。学校では、自分が見たいオリンピックの種目をそれぞれが挙げると、抽選で決められ、マラソンや、重量挙げ、水泳、陸上といった種目に振り分けられることになった。全校生徒は、いずれかの種目を見学することができたのである。ぼくは、幸いにも陸上の見学が当たり、マラソンでアベベが一着になってオリンピック二連覇を達成したところを目の当たりにした。そのとき、二番目に競技場に戻ってきたのは、円谷幸吉だった。しかし、競技場の周回で、三番目に戻ってきたイギリスのヒートリーに抜かされてしまい、三着となった。残念だったが、競技場に日の丸が掲揚されたのは、うれしくもあり、誇らしくもあった。あのときのオリンピックとは何だったのかと思う。そして、日本人を熱狂させ、英雄になった円谷幸吉にとって、オリンピックとは何だったのだろう。円谷幸吉は、一九六八年に頸動脈を切って自殺している。そのときの遺書を、新聞で目にしたとき、ぼくはその異様な文章に衝撃を受けたのを覚えている。その全文をここに紹介しておきたいと思う。

父上様母上様　三日とろろ美味しうございました。干し柿　もちも美味しうございました。

敏雄兄姉上様　おすし美味しうございました。
勝美兄姉上様　ブドウ酒　リンゴ美味しうございました。
巌兄姉上様　しそめし　南ばんづけ美味しうございました。
喜久造兄姉上様　ブドウ液　養命酒美味しうございました。又いつも洗濯ありがとうございました。
幸造兄姉上様　往復車に便乗さして戴き有難とうございました。モンゴいか美味しうございました。
正男兄姉上様　お気を煩わして大変申し訳ありませんでした。
幸雄君、秀雄君、幹雄君、敏子ちゃん、ひで子ちゃん、
良介君、敬久君、みよ子ちゃん、ゆき江ちゃん、
光江ちゃん、彰君、芳幸君、恵子ちゃん、
幸栄君、裕ちゃん、キーちゃん、正嗣君、
立派な人になってください。
父上様母上様　幸吉は、もうすっかり疲れ切ってしまって走れません。
何卒　お許し下さい。

気が休まる事なく御苦労、御心配をお掛け致し申し訳ありません。
幸吉は父母上様の側で暮しとうございました。

はたして、円谷は誰によって、何によってここまで追い詰められたのか。そして、円谷を英雄にし、数年後に死に追いやったオリンピックとは何だったのかについて、すこしばかり、思うところを書いてみたいと思う。

オリンピックの嘘

二〇一三年九月、ブエノスアイレスで行われたＩＯＣ総会において、二〇二〇年に、東京で第二回目のオリンピックが開催されることが決まった。東京のライバルは、イスタンブールとマドリッドだった。
このオリンピック招致のプレゼンテーションで、安倍晋三総理大臣は、冒頭次のように言い放った。

Some may have concerns about Fukushima. Let me assure you,

the situation is under control.
It has never done and will never do any damage to Tokyo.
（フクシマについて、お案じの向きには、私から保証をいたします。状況は、統御されています。東京には、いかなる悪影響にしろ、これまで及ぼしたことはなく、今後とも、及ぼすことはありません。）

（首相官邸ホームページより）

その後の記者会見で、この点について問われて安倍首相はさらに次のようなコメントをしている。

まず結論から申し上げますと、全く問題ありません。どうかあの、ヘッドラインではなくて事実を見て頂きたいと思います。汚染水による影響は、福島第一原発の港湾内の〇・三平方キロメートル範囲内の中で、完全にブロックされています。

（政治会見情報サイトＯＫＯＳ http://okos.biz/politics/abeshinzo20130909/ より）

ぼくは、思わず仰天してしまった。なぜなら、この招致プレゼンテーションが行われた時は、福島第一原子力発電所の事故からまだ二年半しか経過しておらず、発電所の状況は、「統御」とは程遠い状態だということを、日本人なら誰もが知っていたからである。『ウォールストリート・ジャーナル』、『ブルームバーグ』、『ニューズウィーク』といった海外メディアは、その後、汚染水の海洋漏れを指摘し、東京電力もそれを認めざるを得なくなった。

一体、わが総理大臣は、いかなる根拠によって、福島の原子力発電所が「統御」されているなどと言ったのか。それとも、ＩＯＣ委員を安心させるための方便として、「嘘」も必要な政治的パフォーマンスだと思ったのか。ぼくには、よくわからない。ただ、安倍首相が、その後も自分の「嘘」を訂正することもなく、その後の安保法制の説明においても、根拠薄弱な理由を、かなり大胆に述べていることに対して、このひとは、議論の公正さとか、根拠の正確さとか、ロジックの整合性とかいうことにあまり関心がないのだというふうに、思わざるを得なくなったのである。

安倍首相は、招致プレゼンテーションで、もうひとつ「嘘」をついている。「ほかの、どんな競技場とも似ていない真新しいスタジアムから、確かな財政措置に至るまで、二〇二〇年東京大会は、その確実な実行が、確証されたものとなります」と言っていることである。こちらは、つこうとしてついた「嘘」ではなく、その後の経緯のなかで、結果的に「嘘」になってしまったことではあるけれど。

いずれにしても、今回の東京オリンピックに関しては、その最初から、公正さとか、公平さというものを著しく欠いたまま進められており、これからもいろいろな問題を引き起こすことになりそうである。

なぜ、こんな「嘘」をついてまで、オリンピックを招致しなければならないのか、その理由がぼくにはよくわからないのだが、ひとつだけ言えることは、こういった国家行事を推進するためには、一地域の事情だとか、個人の事情などに構ってはいられないと、政治家が考え、多くの日本人も、福島の事情とオリンピックは別物であり、切り離してもよいと考えているとしか思えなかった。日本人にとって、一地方や一個人の事情よりは、国家の威信が優先されると考えているということなのか。

封建主義と民主主義

一九六四年の東京オリンピックの時代、日本はまだ封建的なしがらみが随所に残っており、家族形態も長子相続型の権威主義家族に分類されるものだった。会社もこの家族制度の延長で、家族的な会社、阿吽の呼吸で運営される組織が規範であった。家では、父親の権威が絶対的であり、母親も、ときに父親と言い争うことがあったとしても、最後の決定は、大黒柱たる父親が行った。父親には、家族を養う義務があり、そのためには、多少の理不尽があったとしても、家族が生き残っていけるための決断をしていたはずである。子どもたちは親を敬い、父親の命令に従っていさえすれば、家庭に波風は立たない。もちろん、それは悪いことだけではない。いい面もたくさんある。円谷の遺書が、この上なく美しいのは、家族や親類を思いやり、感謝する気持ちが溢れているからだ。そのうえで、かれは国家の期待に答えられない自分を恥じた。集団的な無意識の圧力に追い詰められてしまった。恥じる必要もなければ、追い詰められる道理もなかったのにである。

長子相続という伝統的なシステムが支配する家族制度のなかでは、差別はあたりまえであった。父親のおかずが一品多いのも、次男以下がお下がりにあまんじなければいけないことも、別段不思議だとは思わなかった。それが、家というものであり、家を守ることが、個人が自由に発言したり、個人が個人として自由な生き方を選択するということに優先していた。個人の自由よりも、家が大事であり、家よりも国家が大事であるという優先順位が暗黙の了解だった。

家庭内において差別が当然であったことは、家庭の外においても差別は、当然のこととして受け入れられる素地になっていた。

中学生だったぼくたちにとって、民主主義はホームルームの中にしかなかった。ホームルームでは、貧富の差別もないし、何事も議論をしながら、最後は多数決で物事を決するということが、行われていた。ぼくは、ホームルームの議長をしていたけれど、結論は必ずしもぼくの思う通りにはならなかったし、それでよかった。それはとても未熟な民主主義であり、今でもホームルーム民主主義と言えば貶下的な意味で使われることが多いだろう。あれから、半世紀が経過した。果たしてホームルーム民主主義は、大人の民主主義に成長したのか。

おそらくは、民主主義は日本においては、未熟のままであり、家父長的な価値観のほうが、依然として優勢だと言わなくてはならないだろう。自由や平等という言葉には、どこか浮ついた、頭でっかちのニュアンスがあり、それよりは義理や忠誠といったことのほうが、自分たちの生き方にフィットしているという思いが残存したままなのかもしれない。高校野球や箱根駅伝に熱狂するのも、そこにアスリート個人の自己実現の劇を見るよりは、団体の中での繋がりや、自己犠牲的な精神や、指導者に対する忠誠といったことが作り上げる劇に琴線を震わせるからだろう。ぼく自身も、そういうことに感動するタイプの日本人のひとりである。

そのこと自体は、善いも悪いもない。ただ、こういった、全体を生かすために個人の自由を犠牲にするようなメンタリティーというものが、普遍的な価値でないことだけは、知っておく必要がある。

民主主義というものが、ヨーロッパに端を発したのは、かの地が民族も、思想信条も、宗教も、生活も異なる人々が同じ地域で、争わずになんとか共存していくための知恵が必要だったからだろう。王権が支配していた時代の、血みどろの争いや、差別や、敵対による暴力の歴史のなかから生まれた、自分とは違う人間と、なんとかかんとか妥協しながらやっていく方法が、民主主義というものではなかったのかと、あらためて思う。最後にもう一度確認しておきたいのは、民主主義はぼくたちが集団で生きていくうえでの、最良、最善のシステムではないということだ。手間のかかる、決断の遅い、誰もが少し妥協や我慢をしなくてはならないシステムである。ただ、誰かが満足するという理由のために、最悪な結果がもたらされることを避けるために、多くの失敗の中から考え出された、そこそこましなシステムなのだ。だからこそ、それをさらにましなシステムにしてゆくために、あきらめずに改良を加えてゆく努力が必要なのだと思う。

民主主義は私たちがつくるものだから

奈須りえ

民主主義が大きく問われる時代になりました。

SEALDs（シールズ）という学生グループが始めた「民主主義って何だ！」「これだ！」のコールが瞬く間に日本全国に広がったのは、今の私たちの、「民主主義なのに、なぜ私たちの声が政治に届かないのか」という気持ちにぴったりくる言葉だったからでしょう。

〈3・11〉の原発事故以降、日本のあちこちで、それまでみられなかった大きなデモや集会が増え、安保法国会審議の時には、連日、反対派市民が国会前に押し寄せ、多い時には主催者発表で十二万人を数えるなど、市民が政治に声をあげ始めています。

それでも、政治は、市民の声に反して秘密保護法や安保法を成立させ、原発を再稼働させようとしてきました。市民の声は多くの世論調査にはっきりと現れているにもかかわらず、政治の意思決定と乖離が生じているのです。

日本国憲法は国民主権をうたっています。その日本国憲法下の民主主義が、少数意見の排除どころか、多数の代弁でさえない状況を作ってきました。公平、平等な政治システムだと言われてきた民主主義ですが、なぜ、このような状況になってしまっているのでしょうか。

一つには、有権者の二割程度の得票で政権をとれる、小選挙区制という今の選挙システムにあります。

しかし、その選挙システムを選んだ議員を選んだのも私たちです。民主主義がこの選挙システムを導き出したのです。

私は、地方議員になってはじめて、意思決定の過程を知り、民主主義はなんと手間のかかる政治システムなのだろうと思いました。これには、「民主主義を適正に機能させたいと思うのなら」「住民の声を政治に反映させるために合意形成をちゃんとしたいのなら」という但し書きがつくわけですが。

逆に言えば、「行政が手間をかけずに省略・簡略化すれば」、また、「市民が意思決定過程に関与しようとも、ましてや関心を持とうともしなければ」、民主主義は形骸化する、ということです。

たとえ、住民の意見を聞くパブリック・コメントのシステムを設けても、集まった住民の意見に応答しない、住民の疑問に答えない、問題点を正しく指摘されているにもかかわらず改善策を講じない、講じないことの正当な理由を説明しないなど、機能しないのであれば、結論ありきの議論で民主主義は形骸化します。

情報公開と言いながら、住民の目にふれにくいところで公開するのでは、政治の現場で何がおきているのか、住民にはわかりません。そもそも、どういった情報があるのかさえ知らされないことがほとんどです。公文書をどう保存するのか、どう公開するのか、それらをどう説明するのかも、民主主義には非常に重要です。

住民の権利や義務に関わるきまりの改正などには、住民説明会が欠かせません。しかし、説明会は開催せず、ホームページに掲載するだけにとどめる。ホームページにも掲載せず、問い合わせがあった場合には聞かれたことにだけ答える。聞かれても答えず、住民が情報公開請求しないと動かない。情報公開しても不開示とするなど、行政の姿勢次第で住民の得られる情報は大きく変わり、そこから政治への関与の在り方も変わってきます。

政治における意思決定過程の情報公開や説明責任は非常に重要ですが、現実には形式的で、結果として民主主義が形骸化しています。

議員になって次に感じたのは、日本の民主主義が多数決主義だということでした。最終的な決定の場に限らず、提案や議論の場においても、数がものを言い、多数派の意見がより通りやすいしくみになっています。基本的に多数意見しか通らない、と言っていいかもしれません。

これは、政府や行政の長になった権力者が、万が一、誤りをおかしたとしても、それを是正する力が弱いということです。果たして民主的であると言えるでしょうか。

多数決主義と少数意見の排除

民主主義は、多様な意見のメリット・デメリットをならべ、そこから最善の選択肢を選ぶものだと思っていましたが、現実の議会では、多くの場合、会派の議員数に応じて質問時間が決められています。

結果、多数派の発言機会が多くなり、政府や与党は時間をかけてアピールできるうえ、反対意見に対する反論も余裕をもって行うことができます。一方の「野党」は、政府や首長の施策の問題点を指摘するのに十分な時間をさけないだけでなく、自説の良いところを主張する時間もままなりません。割り当てられる時間が少ないということは、国民・住民の目にも留まりにくいということです。

地方自治体の場合、首長と議会の議員は別々の選挙で選ばれますから、本来、「与党」「野党」はないはずなのですが、現実には、地方議会も国会のミニチュアのように運営されています。

どこの委員会に所属できるか、どう議事録を残すか、委員会をいつ開くか、委員長をどの会派からどう選ぶかなど、審議に関わる重要なことは、多数決どころか、多数会派の代表者の意見で決まるため、少数会派（大田区では三人以下の会派）の議員は議論に参加することさえできません。

開かれた議会にしようと委員会の議事の動画配信を提案しても、傍聴者に委員会資料を配布しようと提案しても、多数会派の「多数決」で決めるため、少数会派の意見だけでは変えることができません。こうした現状を伝えようにも、区議会の状況を区民に公式に報告する広報紙の紙面のページ数や掲載方法も「多数決」で決まるので、十分に伝える機会を持つこともできません。予算についての意見を公表するための紙面は大会派にしか与えられず、少数会派は、予算についての意見を区議会の公の広報紙で有権者に伝えることもできません。

程度の差こそあれ、似たようなことは他の自治体でも行われているのではないでしょうか。

行政の無謬性と官尊民卑

しかも、行政の提示する案は一つだけで、選択の余地がありません。また、意思決定過程の情報はほとんどなく、あったとしても断片的で、正当性や妥当性の根拠としては不十分で、決定事項だけが公開されます。

そのため、たとえば、あるときには、一人当たりの公園面積が基準以下なので公園用地を購入すると言ったり、また別のときには、区民が公園の不足する地域に購入を求めても、財政を理由に買わなかったりします。

それでも、こうした状況が容認されているのは、行政の無謬性＝「行政は間違えない」という大日本帝国憲法時代の名残なのではないでしょうか。

しかし、行政は間違いをおかさないという前提のしくみのなかで、仮に誤りが生じた場合、それをチェックする機能が働くか、非常に心配です。

議会制民主主義をうたい、議会が法律や条令を作る立法府だということになっていますが、現実には、官僚が日本の法律を作ってきました。国権の最高機関は国会ですが、その後ろには、官僚がいたのです。

内田樹さんは、国権の最高機関である国会の上に市場経済がある、そして、その上にアメリカが存在する、そのことが国民の思考停止につながっている、と指摘しています。非常に興味深く、また、腑に落ちる指摘です。

これを、制度として行ったのが地方分権と小泉構造改革＝三位一体の改革です。

国会の後ろに官僚がいたように、内閣の後ろにいた当時の経済界は市場拡大を狙っていました。具体的に言うと、市場とは、行政がサービスを提供している介護、保育、医療、教育等です。こうした生活課題を解決することを大義に、国から、住民に最も身近な地方自治体へ、権限と財源が委譲されたわけです。

この改革により、保育などの社会保障の責任の主体が、国から地方自治体へ移行しました。また、住民税の定率化（一律一〇％）といった増税により、財源も確保されました（十分だったのかという検証が必要です）。そして、「官から民へ」の掛け声の下、民営化や民間委託が進み、介護も保育も、株式会社が担うようになったのです。
こうした背景を、地方分権改革推進委員会委員の西尾勝氏は、次のように言っています。

分権を進めてほしいという点では共通であったものの、政界・財界が望んだことは、行政改革の一手段としての分権だったということである。小泉改革において、典型的に現れたように、「官から民へ」、そして「国から地方へ」というのが行革の柱で、地方分権改革は、この行革の一環として位置づけられたものでしかなかったのである。

（西尾勝『自治・分権再考――地方自治を志す人たちへ』ぎょうせい、二〇一三）

首長は、もっと使える財源がほしい。経済界は、公務員がやっている仕事を民間に開放してほしい。それぞれの思惑に政治が乗っかって、地方分権が大いに進められたわけです。

住民の生活課題を解決するための地方分権でしたが、住民の声は政治に届かず、企業の市場拡大のために次々と公共分野が民間に開放されていきました。国権の最高機関である国会の立法機能を事実上担ってきた官僚から、その権限が民へ、つまり、私企業に移ったということです。

これは、まさに内田樹さんが指摘した通りの構図であると言えます。非常に明解です。そして、いま、多くの国民がこの構図を前に、政治をあきらめてしまっているのではないでしょうか。

国に言われた通りにやっていればよかった地方自治体は、これも、地方分権の文脈で始まった国家戦略特区に象徴されるように、「企業」、それも「グローバル企業」の言う通りに動くようになってきています。民主主義どころか、主権が国民からグローバル企業に移ろうとしているのですから、事態はいっそう深刻です。

内田樹さん、その幼馴染で同じく大田区ご出身の平川克美さんとの鼎談では、いかに現状が厳しいかを突きつけられた形になり、会場全体が沈んでしまったように感じました。

しかし、私は、希望を捨ててはいません。

なぜなら、すでに言った通り、政治のしくみは地方分権になっているからです。国から地方にきた権限を使っているのは、いまは一部の企業ばかりかもしれませんが、それを住民の手に取り戻せばいいだけのことです。国の「官僚がもっていた権限」は、いまや地方自治体のものであり、地方自治体が社会保障の責任主体になっています。

「地方自治は民主主義の学校」と言われています。これは、駐米大使も務めたイギリスの政治家・外交官、ジェームズ・ブライス（一八三八―一九二二）の言葉です。住民自身が、身近な地域の政治に参加することによって、民主政治の担い手として、住民自治を学び身に付けることができるというのです。

税金の使い道の優先順位を変え、税金投入の流れを変えればいいのです。

政治は、税・雇用・住宅・子育て・介護・医療・教育など、私たちの暮らしの根幹をなす重要な問題を決める場であるにもかかわらず、本質は議論されず、肝心の情報は提供されないのに、政治家の汚職やゴシップばかりが喧伝されています。

国の政治は、マスコミによってミスリードされることがあるかもしれませんが、地方の政治は、マスコミに取り上げられる機会が少ない分、かえって住民自らが、知り、考え、声を上げることで、コミュニティーの世論があるべき方向に形成されてゆくはずです。

多くの人は、民営化や民間委託で経費が削減されたと思っているかもしれません。しかし、小泉構造改革から十数年がたち、国も自治体も予算規模を大幅に増やしています。たしかに、公務員の数は大幅に削減され、行政は、職員数削減を大きくアピールしていますが、それと予算規模とは連動していません。こうしたことは、自治体のホームページに公表されている決算書と人事白書をみれば、すぐにわかることです。

自治体の住民の意識が変わると、自治体の議員が変わります。自治体の議員が変われば、都道府県や国の議員に様々な形で影響します。

政治をあきらめず、自治体の政治に参画すること、自治する市民になることで、「民主主義って何だ」の答えをみつけに行きましょう。

著者について――

内田樹（うちだたつる）　一九五〇年、東京都大田区に生まれる。東京都立大学大学院博士課程中退。神戸女学院大学名誉教授。合気道凱風館師範。主な著書に『ためらいの倫理学』（角川文庫、二〇〇三）、『困難な成熟』（夜間飛行、二〇一五）などがある。

平川克美（ひらかわかつみ）　一九五〇年、東京都大田区に生まれる。早稲田大学理工学部卒業。文筆家、隣町珈琲店主。主な著書に、『移行期的混乱』（筑摩書房、二〇一〇）、『何かのためでない、特別なこと』（平凡社、二〇一六）などがある。

奈須りえ（なすりえ）　一九六一年、東京都に生まれる。青山学院大学Ⅱ部文学部教育学科卒業。現在、大田区議会議員。著書に『徹底解剖　国家戦略特区』（共著、コモンズ、二〇一四）がある。

装幀——齋藤久美子

やっぱりあきらめられない民主主義

二〇一六年六月二〇日第一版第一刷印刷　二〇一六年六月三〇日第一版第一刷発行

著者――内田樹＋平川克美＋奈須りえ

発行者――鈴木宏

発行所――株式会社水声社

東京都文京区小石川二―一〇―一

郵便番号一一二―〇〇〇二

電話〇三―三八一八―六〇四〇

FAX〇三―三八一八―二四三七

郵便振替〇〇一八〇―四―六五四一〇〇

URL：http://www.suiseisha.net

印刷・製本――ディグ

ISBN978-4-8010-0187-9

乱丁・落丁本はお取り替えいたします。